軍都広島の形成

遠くて近い原爆以前の広島

竹本 知行［編］

錦正社

はしがき

令和五年五月十九日から三日間の日程でG７広島サミットが開催され、各国首脳が同地に集まり世界の課題について活発な討議がなされたことは記憶に新しい。広島市は、人口約一二〇万の中国・四国地方最大の都市であるとともに、平和都市として世界的に知名度は高く、コロナ禍前にあたる平成三十年には広島市だけで約一七八万人もの外国人旅行者が訪れた。

周知の通り、昭和二十年八月六日、アメリカは広島に人類史上初めて原子爆弾を投下し、推計一〇万余の市民の命を奪うとともに都市機能を壊滅させた。今日世界遺産にも登録されている原爆ドームは、核兵器の悲惨さを今に伝えつつ、同市の特殊な歴史をしめすメルクマールとなっている。

「平和」に対する市民の意識は高く、令和六年には日本原水爆被害者団体協議会（日本被団協）が、「核兵器のない世界を実現するための努力と核兵器が二度と使用されてはならないことを証言によって示してきた」ことを理由として、ノーベル平和賞を受賞し、被爆地広島の歴史を改めて世界に知らしめることとなった。

こうした歴史的背景から、観光に関する情報のアウトプットにおいても、教育現場における平和意識のインプットにおいても、原爆投下を起点として「戦争の惨禍を乗り越えた人々の懸命な努力」を強調しつつ「国際平和文化都市」を目指す「今」という文脈であらゆるコンテンツが組み立てられている。

しかし、「今」は「近い過去」だけでなく「遠い過去」とも連続していることは言うまでもない。振り返ってみれば、広島の歴史は古く、安土桃山期以降でも天正十七年(一五八九)に毛利輝元によって広島城の築造が開始されて以降、福島氏、浅野氏を領主は交代しつつも太田川デルタの開発が続けられ、幕末期には人口約七万を数える国内有数の大都市になっていた。

その広島がさらに大きな飛躍を遂げたのが、明治期である。明治二十七年(一八九四)日清戦争にともない、同年九月十三日に大本営が宮中からこの地に移転し、二日後の十五日には明治天皇が移った。天皇は日清講和条約(下関条約)調印後の明治二十八年五月三十日までの二二七日間この地で指揮を執ったが、この間、明治二十七年十月に招集された第七回帝国議会は広島の広島臨時仮議事堂で開会されるなど、国の立法・行政・軍事の最高機関が一時的とはいえ同市に集積したことで、広島市は臨時の首都の機能を担ったのである。これは明治維新以降、首都機能が東京から離れた唯一の事例であるとともに、明治末年には人口一五万を超えるに至った近代の広島の都市形成に極めて重要な意味を持っているといえる。

しかし、同市ではあまりに強烈な被爆の記憶を伝承する活動に比して、「原爆以前」を温ねる営みがほとんど等閑に付されてきたことは残念でならない。あらゆる時代に人々の瑞々しい生活がそこにはあったはずである。

これからの広島を語ろうとすれば「今」（現代）とともに「遠くて近い過去」（近代）に対する深い理解が不可欠である。観念の羈束から放れ、人間の営みを含んだ現実の歴史を謙虚に追うとき、そこに広がる地平からはじめて「未来」を見つめる視座も得られるのではないだろうか。

本書では、鉄道・水道・似島検疫所・陸軍糧秣支廠・陸軍被服支廠の建設というトピックスを立て、近代における広島の都市形成史を「軍都広島」の観点から実証的に検証することを目的としている。

なお、本書では原則として引用は新字体で統一し、句読点・濁点を付し、カタカナはひらがなに直したことをお断りしておきたい。

令和六年十二月十四日

竹本知行

目次

第一章　鉄道からみた軍都広島

田邉　響

はじめに

スティーブンソン（George Stephenson）によって一八一四年に完成を見た鉄道技術が日本にもたらされたのは幕末期であった。そして慶応二年（一八六六）、福沢諭吉の『西洋事情』[1]によって鉄道の詳細な情報が伝わると、西洋の新技術として広く知られるようになった。

維新後は、開明的な維新官僚によって、一度に多くの物資や人員を輸送できる鉄道は軍事力強化や殖産興業に有益なものとして早くから注目されることとなった。その結果、明治二年（一八六九）十一月に政府は、「東京」―「京都」間を結ぶ幹線と、「東京」―「横浜」間・「京都」―「神戸」間・「琵琶湖畔」―「敦賀」間の三支線、計四路線の鉄道を建設することを決定した。[2]これが、日本における鉄道建設計画の始まりである。[3]建設に当たって資金や資材の調達並びに技術者の雇用についてイギリスの力を借りざるを得なかったが、計画の主体性はあくまで日本政府の手にあったとされている。[4] この敷設工事は沿線住民の反対など多くの困難を乗り越え、明治五年九月に完成し、同月十二日、日本最初の鉄道が「新橋」―「横浜」間に開通した。

日本最初の鉄道が敷設された後、鉄道網を全国に敷設し、より効率的な輸送を行うことを目的とした工事が各地で行われた。その結果、明治二十七年には青森から広島まで鉄道が一本で結ばれることになった。これによって、広島県においても県外との交通網が整備されることとなった。

広島に鉄道が敷設された後、明治二十七年に日清戦争が始まった。それ以前の鉄道は、本来殖産興業政策の一環として物流の充実をはかる目的で敷設されたものであったが、開戦後は主に兵員や物資の輸送のために利用された。鉄道は日清戦争において非常に有用なものであり、当時広島まで山陽鉄道が開通していたことが、同地に大本営が置かれる最大の要因となった。

日清戦争において、天皇が滞在し一時的に日本の首都機能を担った広島は、その後急速に都市化していき、県内に複数の鉄道が敷設されていった。山陽鉄道を通じて様々なヒト、モノ、カネ、情報が流入したことは広島に都市化を促し、同市の軍事的・経済的発展に大きく寄与した。これに伴い市内の鉄道も新たに敷設・拡張され、広島市域の拡大を促すこととなった。

近代における鉄道敷設に関する先行研究としては、『鉄道がつくった日本の近代』[5]や『日本私有鉄道史研究　増補版』[6]といったものがあり、これらは日本で鉄道が普及していった経緯や要因について詳しく述べられている。さらに、広島における鉄道敷設に関しては『山陽鉄道物語――先駆的な営業施策を数多く導入した輝しい足跡――』[7]や『宇品線92年の軌跡』[8]、『広島電鉄開業100年・創立70年史』[9]に詳しい経緯や運営状況が記されており、当時の鉄道敷設の流れを知ることができる。だが、これらの先行研究では鉄道敷設に至った経緯については述べられているものの、鉄道が敷設され、都市化が進んだことで変化したであろう市民生活や都市形成については詳しく述べられていない。

しかし、『軍都広島』において、鉄道敷設が都市形成や市民生活に与えた影響は極めて大きなものであり、現在の広島の原型を形作った重要な要素であると言える。

それを踏まえ本章では、広島における鉄道敷設の実相とそれが広島の都市形成や市民生活に如何なる変化をもたらしたのかについて論じたい。

第一節　山陽鉄道

第一項　山陽鉄道の始まり

はじめにで述べた通り、明治二十七年に勃発した日清戦争において、兵員や物資を大量かつ安全に輸送することができる鉄道は軍事輸送の面から非常に重要視されていた。日清戦争開戦時、日本陸軍は全国に六個の師団を擁しており、東京、仙台、名古屋、大阪、広島、熊本にそれぞれ本営が配置されていた。仮にこれら全国各地に散らばる師団をそれぞれの地域から船で運ぶとすると、大量の船舶が必要となる。ところが当時の日本には兵員を大量に運べるほど大きな船舶は少なく、船で港に集結するのは非常に困難だった[10]。そこで、鉄道を利用し複数の師団を効率よく一ヶ所の港に集結させ、そこからは船を利用し海外派兵を行うという作戦がとられた。また、兵員の安全面からも鉄道の利用は非常に効率的だと考えられた。当時、鉄道が開通していなかった兵営から出発する部隊は必然的に徒歩で長距離の行軍を行うことになったが、日清戦争勃発直前に行軍を始めた金沢の歩兵連隊で三名の死亡者と半数近くの落伍者を出してしまったのである。これらの脱落者のほとんどは熱中症や靴擦れを訴えていた。というのも日清戦争の宣戦布告が行われたのは八月一日であり、戦争が長期化することを考慮した結果、真夏に重装備で行軍をすることになってしまったのだ。また、当時の農民には靴を履く習慣がなく、足にも大きな負担が掛かったことがわかる。このように戦争に行く前の段階で多くの脱落者を出してしまう事態を避けるためにも鉄道の利用は重要視された。ではそれほど重要な鉄道は、日清戦争開戦までの時点でどこまで整備が進んでいたのだろうか。

日本国内における鉄道網は前述の通り明治五年の「新橋」—「横浜」間のおよそ二九㎞から始まった。それを皮切りに東京以外の地域でも鉄道の建設は随時進んでいったが、明治十年の西南戦争後は財政難に陥り、「新橋」—「神戸」間を繋ぐ東海道線を除いて事業を進めることができなくなってしまった。しかし産業の振興のため鉄道建設を望む人々の声は根強く、これまで官営鉄道によって建設・経営が行われていたものが、徐々に民力を動員することを求められた[11]。このような要請を受けて、明治十四年に半官半民である日本鉄道会社が設立され、明治十六年には「上野」—「熊谷」間の建設に成功するなど、徐々に鉄道網を伸ばしていった。その流れに乗って、明治十九年に兵庫の実業家である石田貫之助らが「神戸」－「姫路」間の鉄道建設を政府に願い出て、政府がこれに対し「神戸」－「馬関（下関）」間の建設と運営を条件に設立を許可したのが後の山陽鉄道会社である。そして明治二十一年、山陽鉄道会社は明治二十年に公布された「私設鉄道条例」の第一号免許を取得し、「神戸」－「馬関」間の建設に乗り出した。こうして山陽鉄道会社は日本の鉄道網建設に関わることになり、日清戦争開戦直前の明治二十七年六月には広島市まで鉄道が開通した。こうして広島まで鉄道が開通していたことや、船が出入りできるほど大きな港であった宇品港の存在が要因となり、広島に大本営が置かれる運びとなった。

第二項　民間需要の高まり

日清戦争開戦時、本州の鉄道は青森県から広島県まで整備されており六個の師団同士を結ぶネットワークを構築していた。これらの鉄道網は、海岸線からの敵国による攻撃を警戒して主に内陸部を経由して作られ、兵員や軍事物資を安全に大陸への出征拠点となった宇品港まで輸送した。しかし、当時鉄道が注目されていたのは軍事輸送の面だけではない。その有用性に早くに気づいた大久保利通のような政治家だけでなく、[12]渋沢栄一といった実業家までもが注目していたのだ。

鉄道の最大の利点はそれ以前の運搬方法に比べ、一度に多くの物資を安定して運搬できることにある。明治初期の鉄道が本格的に敷設される前は主に水路を利用した運搬方法がとられていたが、水運は鉄道よりも比較的天候の影響を受けやすく、風や雨、雷等の悪天候はしばしば航路を阻害した。また、当時の船は現代と比較すると速度が遅く時間がかかることに加え、船の大きさや構造によっては積載できる物資の量に限界があり、一度に大量の物資を運搬することが困難だった場合もあった。それに対し、鉄道は比較的天候の影響を受けにくく、大量かつ迅速に物資を運ぶことが可能だった。このように、鉄道は当時の一般的な物流システムと比較すると非常に効率的だと考えられ、国の殖産興業政策を担う多くの実業家が注目したのである。

しかし、多くの人々に期待された鉄道の敷設であったが全国に鉄道網を広げるとなると容易なことではなかった。そもそも鉄道を全国に敷設するに至る契機は、明治二十四年七月に鉄道庁長官であった井上勝が「鉄道攻略に関する議」という建議書を松方正義首相宛に提出し、「政府の手で三、五五〇マイルの鉄道を建設することが必要だ」と述べたことだ[13]。これを受けて、第二議会において「鉄道公債法案」と「私設鉄道買収法案」が提出され、初めて鉄道の敷設に関する問題が帝国議会で大きく取り上げられたのである[14]。

「鉄道公債法案」は「八王子」―「甲府」間、「三原」―「下関」間、「佐賀」―「佐世保」間などの六路線の建設費を公債で賄うといったものであり、九年間で最大三五〇〇万円の公債を発行するという内容だった。そしてもう一つの「私鉄買収法案」は鉄道国有化方針推進のため、私鉄と協議しながらその路線を買い上げるため、経費として最大五〇〇〇万円の公債を発行するという内容だった。どちらも日本の鉄道網を拡大し維持する目的のもと練られたものであり、実業界はこれに強く賛同した[15]。一方不況で経営に行き詰っていた私鉄側も国有化を待望し「私鉄買収法案」を積極的に成立させようという動きがあった[16]。また、明治二十二年に開通した東海道線により「新橋」―「神戸」間がおよそ二〇時間で移動できたことから沿線の産業開発が大幅に進んだこともあり、地方の有力者や地主、商工業者などが政府による鉄道拡張に期待を寄せていた[17]（静岡の茶生産、名古屋の錦糸・綿織物業が大いに発展したと言われている）。

しかしいくら実業家がこれらの法案による日本の鉄道網拡大に期待を寄せていたとしても議会で可決されなければ意味がなく、「鉄道公債法案」及び「私鉄買収法案」は資金不足や経費節減などの理由により一度否決されることとなった。当時の民党側は非常に消極的で、政府予算を切り詰めて地租軽減を実現し民力休養にあてるという方針を取っていたため、大幅に予算を増やす必要がある二つの法案に反対したと言われている[18]。

一度否決された鉄道網敷設であったが、逆に議論を沸騰させる契機となり、地方から鉄道網敷設に期待する声がさらに強まっていった。こうした地方の声を背景に明治二十五年の第三議会が始まる頃には、衆議院の第一党である自由党が「予算が増えても構わないから利益を地方に還元せよ」という積極主義に転じ、星亨などがリーダーシップを執って法案の可決に向けて動き出した[19]。自由党の法案は当初の「鉄道公債法案」にあった六路線の建設を公債で賄うという内容が三二路線に変わっており、様々な地方からの要求を取り入れたことが窺える。

そして、地方や自由党をはじめとした一部の民党の鉄道網敷設の期待が高まっていった結果、第三議会において自由党の提出した法案と他の党の類似した法案を統合した「鉄道敷設法」が可決・成立することとなった。

第三項　山陽鉄道の成長

第一項で述べた通り明治二十一年に山陽鉄道会社が設立されて以降、西日本における鉄道網は徐々に拡大していった。山陽鉄道会社は同年十一月に「兵庫」―「明石」間を開業し、そのわずか一ヶ月後には「明石」―「姫路」間を開業した。さらに、明治二十二年には全国鉄道網の幹線とも言われたほど重要な官鉄東海道線神戸駅への乗り入れも実現させ、当初政府から山陽鉄道会社の設立条件として挙げられていた「神戸」―「下関」間の鉄道開通へと本格的に動き出していくこととなったのである。

明治二十二年に神戸駅への乗り入れが実現して以降、山陽鉄道会社の鉄道建設はさらに西へと進められ、明治二十四年七月に「神戸」―「笠岡」間が、同年九月に「笠岡」―「福山」間が開業し、広島に初めて鉄道が開通した。尾道では、南北を海と山に囲まれ幅が狭く横長であった市街地を横断するルートを計画していたが、関係住民の強い反対を受けるという問題が起きた[20]。それを受けて山陽鉄道会社は山側を通る案を計画したが、最終的に地元住民の間で山側へ変更することによって利便性が下がるといった危惧が強まり、当初の計画通りに明治二十四年十一月に「福山」―「尾道」間が開通した。このように地元住民の要望も入れつつ建設は進められ、明治二十七年六月にとうとう「三原」―「広島」間の開業が実現した（表1）。

開業して間もない六月十三日付の『大阪朝日新聞』によると十日広島に下車した乗客は五、〇〇〇人、翌日にはその倍の一万人に達し、大盛況であった様子が記されている。[21] そして、「三原」―「広島」間が開業したわずか二ヶ月後である明治二十七年八月一日に日清戦争が勃発したのである。

日清戦争中の広島市は山陽鉄道の開通や大本営設置、議会の招集によって、議員、高級官僚、軍人などで大盛況を呈した。市内では高級旅館をはじめ、割烹店から船宿まで満員の状況で、人力車、商店も売り上げが急増し物価の高騰を招くなどの影響が見られたという。[22]

こうして広島市は日清戦争での大本営の設置を大きな契機とし、軍都としての性格をより強めていくこととなった。

表1　山陽鉄道会社による鉄道建設

年月日	出来事
明治21年 1月	山陽鉄道会社設立
11月	兵庫―明石間開業
12月	明石―姫路間開業
明治24年 7月	神戸―笠岡間開業
9月	笠岡―福山間開業
11月	福山―尾道間開業
明治25年 7月	尾道―三原間開業
明治27年 6月	三原―広島間開業

出典：『山陽鉄道物語』より作成。

また、広島市が軍都として成長を遂げていく中で山陽鉄道会社にも大きな変革が起きようとしていた。明治二十七年から渋沢栄一や中上川彦次郎（山陽鉄道会社社長）といった実業家を中心に官鉄線の払い下げに関する検討会が行われるようになった。以下の文書は明治二十七年六月十五日付の『大阪朝日新聞』に掲載された官鉄線払い下げに関する検討会の趣意書の一部である。[23]

（大意）官有鉄道の状況を見ると、国中で最上の地位を占めながらも、施設の多くが不備であり、改善が必要だ。東海道線を改良し、速度を上げ発車回数を増やし、新橋から神戸までの急行を一二～一三時間で走らせるためには、まず複線を敷設し、車両を増やし、駅を改築するなどの作業が必要で、その費用は約一五〇〇万円かかる。
既存の鉄道の取得費は約三六〇〇万円だが、拡張費や新設予定の費用を合わせると、およそ一億円になり、後に大企業を興し、一〇〇円株に分割すると、一〇〇万株になるだろう。

このことから官鉄線は国内で非常に有用な鉄道であったがさらなる設備投資を行うことでよりいっそうの有効活用を図るべきだという考えがあったことが分かる。

この検討会自体は明治二十七年中に二度開催され、その後は日清戦争による暫くの中断を挟み、二十八年十二月初旬に第三回の会合が開かれ再び官鉄線払い下げについての議論が再開された。そのような中、山陽鉄道会社は明治二十九年一月二十一日に取締役会を開催し、機関車一二両の購入やダイヤ改正の件を議決した。[24] この取締役会について、同年一月二十三日付『大阪朝日新聞』は次のように報じている。[25]

(大意)山陽鉄道会社では、十二月二十一日の取締役会議で、自らが官設東海道鉄道の広軌化さらに複線化の工事を行うべく、政府に同鉄道の払い下げを請願することに決定した。十二月二十二日に正式に請願書の提出が決定され、すぐに起案された。本日松本社長から兵庫県庁に提出される予定である。一方、政府の提出した今年度予算案の東海道鉄道複線敷設工事費については予算委員会で反対意見があり、通過が難しい状況であるが、もし否決されれば国家経済に大きな影響を及ぼす可能性がある。今回、同社の請願が通り軌道を広げ、複線工事を行うことが望ましい。

そして同日山陽鉄道会社から東海道官鉄線の払い下げの稟請は行われた[26]。

明治二十九年一月三十日付の『大阪朝日新聞』によると、山陽鉄道会社は「近来、我邦に於ける百般の事業は大に発達の機運に会して既に長足の進歩を為し、従て鉄道運輸の如きも亦日に益々繁忙を加へ、開業僅に数年にして既に其運輸力の不足を感ずるの切なるもの少しとせず[27]」と日本の経済発展に伴い明らかになった運輸力という欠点を指摘し、その解決策として「指向き枢要の地区に於ける幹線の如きは断然之を広軌道に改築せんこと正しく当今の急務なりと相信候[28]」と重要な地区における幹線の広軌改築を挙げている。加えて、正式な請願書では東海道線の地理的重要性を訴え、自社が独力で全線を広軌複線に改築する決意を表明した[29]。

このように山陽鉄道会社は鉄道の重要性を説き、独力での広軌幹線計画を打ち出したのである。そもそも明治二十九年当時は産業の発展に加えて日清戦争の終結もあり、輸送需要は高く相当量の貨物の停滞が生じていたと言われている[30]。同年一月二十六日付の『大阪朝日新聞』は当時の鉄道について「全国縦貫大鉄道の最要部として、官府の手に成功せしは、今日日あたり睹る所不完全なる狭軌単線なり、其の速力は欧州国鉄道の三分の一にも及ばず[31]」とも批評された。これらの事情から、山陽鉄道会社は国内の鉄道網のさらなる発展を目指すために官鉄線払い下げに関する稟請を行ったことが分かる。また、この稟請自体は却下されてしまったものの、有志とはいえ多くの実業家が稟請に関わったことから、東海道官鉄線の複線化という課題に大きな影響を及ぼしたと考えられる。

第二節　宇品線

第一項　宇品線の始まり

第一節で述べた通り、日清戦争期広島に大本営が置かれ、複数の師団を効率よく集結させるために山陽鉄道が利用された。鉄道を利用して広島に集結した兵団は宇品港から戦地へ船で移動したのだが、当時山陽鉄道の広島停車場から宇品港まで兵士を運ぶ交通機関は存在しなかった。そうなると兵士は広島市内に宿泊しなければならない場合もあり、速やかな移動が困難であると考えられた。このような事情によって敷設が進められたのが、仮設軍用鉄道である宇品線であった。

まず、戦時中の物資の輸送をスムーズに行うために、開戦前の明治二十七年六月八日、兵士及び軍用物資を船舶輸送する宇品運輸通信支部が宇品町に設けられた。[32] さらに七月十二日には寺内正毅運輸通信長官が鍋島幹（なべしまみき）広島県知事に対して、広島停車場から宇品港の間で仮設軍用鉄道の敷設のための測量を山陽鉄道に行わせるよう指示した。[33] 同月二十九日には山陽鉄道の技師長らが県庁で打ち合わせを行い、用地は借り上げとなることが決定した。[34] さらに翌三十日、伴資健（ばんすけゆき）広島市長は関係地主を金屋町の専立寺に集め「我広島市民は国家のため速にふるって之が借上に応ずべきは当然にして、いささかも苦情ヶ間敷ことを中立つ可らざるは論なきなり」[35] と説諭した。その効果もあってか、八月四日に山陽鉄道による路線敷設工事が始められ、わずか一七日間の工期を経て仮設の軍用鉄道が竣工した。

日清戦争が開戦すると、宇品港の存在や山陽鉄道の広島開通、宇品線の完成によって、広島市は最前進基地として大きな役割を担うこととなる。九月八日には広島に大本営を置くことが決定し、九月十五日には明治天皇が広島に到着、広島城内の大本営に入られ、翌日には開庁式が行われた[36]。広島は一躍日本の臨時首都となり、西練兵場の一角に建設された仮議場で臨時帝国議会が開かれるほどの重要な拠点となったのである[37]。

日清戦争が終結すると、仮設軍用鉄道であった宇品線の本敷設を行うという動きが見られた。宇品線は兵士の帰還に伴う輸送でも大いに活躍したが、本敷設工事自体は戦時中に既に計画が立てられており、戦後間もない明治二十八年四月二十日に正式に工事が決定し、調査が行われている[38]。本敷設工事を行うに至った理由として、凱旋兵士を速やかに港から広島駅へ送ることができるという点で宇品線は有益であると認められたことが大きい[39]。また、軍用物資の輸送や沿線地域への経済波及、そして民間が宇品線を利用することで期待できる経済効果など宇品線の有用性は多くの人々に知れ渡り、明治二十九年七月頃には桐原恒三郎ほか数十名の発起で宇品鉄道会社を設立し、宇品線の払い下げを受けるという出願の動きも見られた。山陽鉄道でも同様に、明治二十九年七月十五日の臨時株主総会で定款第三条二項として「広島宇品間軍用鉄道の保管に任し営業を為すことを得」という項目を加える議決を行った。結果として同年十月二十九日には陸軍省より山陽鉄道へ、線路の無代価での貸下げ、契約は一年毎に継続し、有事の際はいつでも取り上げる等の軍用鉄道借用条件を示した貸付命令書が交付された。[40] これを受け、山陽鉄道は同年十二月一日より実費による線路の改築工事と宇品駅の建設に着手した。[41] また、同月二十八日宇品線開業の認可を正式に得るとともに、同日付で運輸開業の免許も受けており、着々と宇品線開業への準備を整えていった。

明治三十年四月二十六日、宇品線の本敷設工事は完成し、翌日には「広島」―「宇品」間（約五・八㎞）の試運転も実施された。そしてとうとう同年五月一日から一日八往復の営業を開始したのである。

第二項　宇品における鉄道の利用

第一項で述べた通り日清戦争中に仮設の軍用鉄道として敷設された宇品線は、明治三十年四月二十六日山陽鉄道によって本敷設された。[42] 同年五月から旅客営業を開始し、「広島」―「宇品」間を一五分で移動することを可能にした。開通当初は午前五時から午後六時まで約二時間おきに電車が出発し、一日八往復の運転が行われた[43]（表2）。

しかし明治三十三年八月十九日に宇品港海岸の潮止堤防が暴風雨によって決壊し、宇品線はその余波を受け一時的に運転を取りやめた。[44] その際、宇品線は全線運航中止とされていたため、「広島」―「宇品」間の移動については人力車を一六銭で特約するといった措置を行った。[45] なお、当時の宇品線の運賃は下等五銭、中等八銭、上等一二銭と設定されており、臨時とはいえ人々の移動に影響を与えた。[46] それを考慮してか、山陽鉄道に桂太郎陸軍大臣より応急復旧工事施工が委嘱され、九月七日には工事に着手、同月十三日には竣工している。[47] 陸軍大臣直々に応急復旧工事が委嘱されたことは、当時の宇品線が軍用鉄道借用条件のもと山陽鉄道に経営を委ねられている、非常に有用な軍用鉄道であることを示している。

また、軍用鉄道借用条件によって宇品線はその後複数回の運休を余儀なくされている。戦時での軍事輸送では主に明治三十七～三十八年の日露戦争で重要な役割を果たした。既に定められていた軍用鉄道借用条件に加えて、明治三十七年一月二十五日に公布された「鉄道軍事供用令」第二条では「会社は陸海軍官憲の要求に従ひ軍事輸送を為すべし[48]」と明言された。そのうえで詳しい輸送方法や鉄道設備といった軍事輸送に関する規則が定められていくなど、日露戦争への軍備は徐々に整っていくこととなった。そして日露戦争開戦後の明治三十七年二月十七日から山陽鉄道は軍用鉄道の運転を開始し、大規模な軍事輸送が行われることとなった。この軍事輸送では合計約六〇万人もの兵員を宇品港へと輸送しており、また凱旋兵士の輸送についても合計約二五万人もの兵員が輸送されている（表3、表4）。軍事輸送が行われている最中の宇品線はというと旅客列車の殆どを運休し、総力を挙げて日露戦争の軍事輸送に貢献していたと言える。

また、軍用鉄道借用条件による運休は戦時輸送によるものだけではなく、軍備によるものもあった。例えば長期の運休として明治三十四年九月一日から明治三十五年十二月二十八日まで

表2　当時の宇品線の時刻表

	下り（広島→宇品）		上り（宇品→広島）	
	広島発	宇品着	宇品発	広島着
1	5:15	5:30	5:50	6:05
2	7:05	7:20	7:40	7:55
3	9:05	9:20	9:40	9:55
4	11:05	11:20	11:40	11:55
5	13:05	13:20	13:40	13:55
6	15:05	15:20	15:40	15:55
7	17:05	17:20	17:40	17:55
8	18:55	19:10	19:20	19:35

出典：『宇品線 92 年の軌跡』より作成。

表３　山陽鉄道の軍事輸送実績

年	兵員(人)	馬(匹)	荷物(ｔ)
明治37年	359,440	72,011	135,488
明治38年	245,626	28,603	109,998
計	605,066	100,614	245,486

出典：『山陽鉄道物語』より作成。

表４　山陽鉄道の凱旋部隊軍事輸送実績

年	兵員(人)
明治37年	—
明治38年	124,917
明治39年	119,841
計	244,758

出典：同右。

の約一年四ヶ月もの間、改修工事によって運転を中止していた[49]。この工事は児玉源太郎陸軍大臣より命令があったものとされており、宇品駅北側に残っていた池を埋め立て、宇品駅を北側に移設し、南側に宇品駅側線や軍事施設の増設を行うためであった[50]。なおこの工事の結果、宇品駅は運休以前よりも一二一m先に移設されている[51]。

このように宇品線は日清戦争後、山陽鉄道によって民間利用されていくこととなったが、戦時においても平時においても度々軍による運休を余儀なくされ、軍用鉄道としての役割を果たしていかざるを得なかった。

そして明治・大正期に宇品町で利用された鉄道は、軍用鉄道であった宇品線の他にもう一種存在した。それが「広島電気軌道株式会社」(後の広島電鉄)である。

広島電鉄ができる前の広島市内における物資輸送の手段といえば、太田川及び城下町を南北に掘削した運河を利用する水運が主であった[52]。明治以降会社組織による川船の運航が行われ、県北と広島間の物資輸送において大いに利用されてきた。また、明治三十五年からオートバイも注目され始め、広島市でも同年に五二三台が数えられて以降急速な増加を見せたという[53]。それ以外にも明治四十年に一八七二台利用されていた人力車や、乗り合いバスといった手段があった[54]。

明治三十三年に公布された「私設鉄道法」は原則として技術上運営上の基準が厳格で申請手続きが面倒であった。また既設路線と並行して申請される場合は不許可になるものも多く、起業手続きが困難だった。しかし明治四十三年に制定された「軽便鉄道法」は、複雑であった「私設鉄道法」をわずか八条に簡略化したことで地方私鉄の起業のハードルが下がり全国的な普及へと繋げた[55]。

こうした地方鉄道の機運が高まる中、広島市では四件に及ぶ市内電気軌道の建設が申請された[56]。度重なる会合の結果、市内電気軌道の建設は大林芳五郎を発起人とした広島電鉄に特許状が下り、明治四十三年六月十八日に正式に会社が設立された[57]。開業当初の広島電鉄が特許を取得していたのは「広島」―「己斐」間（本線）の他に御幸橋線、川場線、横川線の三つであり、明治四十四年七月十日には敷設工事も開始された[58]。また、それと並行して当時の猿猴川、京橋川、太田川、天満川、川添川、己斐川の架橋工事も開始された[59]。当時は道路橋の数が少ない上いずれも木製であったため、強度の確保が難しく、これらの橋は道路併用橋ではなく、全て軌道専用橋として建設された[60]。

これらの工事を終え、大正元年（一九一二）十一月二十三日に「広島」―「相生橋」、「御幸橋」間と「八丁堀」―「白島」間で広島電気軌道が動き出した。開通式典では大掛かりな神事とともに花火や相撲などの余興が行われ、沿線では電車を一目見ようと多くの市民が押しかけた結果、人ごみの中をゆっくり進まなければいけない事態になり、市民の電車への注目度の高さが窺える[61]。

そして大正三年には既に開通していた「紙屋町」―「御幸橋西詰」間（現在の広島電鉄宇品線の一部）に

加えて「御幸橋西詰」―「宇品港」間の特許を得た。しかし、「御幸橋西詰」―「宇品港」までの間には川幅の広い京橋川があり、軌道専用橋を架けるには莫大な費用が必要であった。加えて、大正四年には紙屋町周辺で「広島県物産共進会」の開催が予定されていたため、御幸橋に並行する軌道専用橋の建設は後回しとされた[62]。その後大正四年四月二日に工事の許可が下り、翌日には広島県、広島市の関係者を乗せて試運転を行った上で即日広島電気軌道による宇品線が開業された。開業当初、御幸橋に並行する軌道専用橋の工事が後回しになっていたため、利用者は「御幸橋西詰」―「御幸橋東詰」間を徒歩で渡るという不便を強いられていたが、開業から四年経ってようやく大正八年に御幸橋専用橋が完成し、「広島」―「宇品港」の直通電車が運行され、徒歩での電車乗り継ぎが解消されることとなった[63]。

こうした専用橋の整備や路線の拡大が定期的に行われた結果、開業当初の大正元年から大正八年にかけて利用者がおよそ三倍にまで成長しており、当時の広島市民にとってどれほど広島電気軌道が重要であったかが分かる[64]。

第三節　鉄道と都市形成

第一項　宇品町の都市形成

日露戦争開戦前の明治三十七年四月、山陽鉄道宇品線の沿線である皆実町に陸軍被服廠広島派出所

錦正社 図書案内 ②軍事史

〒162-0041 東京都新宿区早稲田鶴巻町544-6
電話03(5261)2891 FAX03(5261)2892
https://kinseisha.jp/

沖縄戦における住民問題

原　剛著

沖縄戦の住民問題を史料に基づき実証的に再検証

住民の疎開・避難を中心に、防衛召集、スパイ視問題、集団自決問題など、やや感情に走りがちで、事実が誤認されたり、隠蔽されたり、正しく伝えられていない一面もある沖縄戦における住民問題について史料に基づき実証的に再検証する。

定価1,980円
〔本体1,800円〕
四六判・192頁
令和3年3月発行
9784764603530

丹波・山国隊

時代祭「維新勤王隊」の由来となった草莽隊

淺川　道夫・前原　康貴著

平安神宮の時代祭に参加する維新勤王隊のルーツを探る

丹波山国の郷士たちによって結成された草莽隊＝山国隊の結成から戊辰戦争参戦を経て時代祭に参加するまでの経緯と、時代祭を通じて山国隊（維新勤王隊）による新たな祭祀形式が京都市中に伝播するまでの流れを通史として解説。次いで山国隊の鼓笛軍楽や現存する東征装束や武器について、それぞれ各論という形でまとめた書。

定価1,980円
〔本体1,800円〕
四六判・192頁
平成28年5月発行
9784764603431

国防軍潔白神話の生成

守屋　純著

戦争に負けて、戦史叙述で勝った旧ドイツ参謀本部

第二次大戦の惨敗にもかかわらず、ドイツ国防軍と参謀本部の名声はなぜ残ったか？終戦直後に人為的に作られたドイツ国防軍潔白神話。米英の軍部のかかわりなど、国防軍潔白神話生成過程の全貌を明らかにする。

定価1,980円
〔本体1,800円〕
四六判・244頁
平成21年11月発行
9784764603318

総統からの贈り物

ヒトラーに買収されたナチス・エリート達

ゲルト・ユーバーシェア／ヴァンフリート・フォーゲル著、守屋　純訳

ヒトラーとエリート達のスキャンダラスな関係

これまでほとんど知られることのなかった『総統下賜金』の実情とそれに群がったドイツ・エリート達の生態を暴く。

定価3,080円
〔本体2,800円〕
A5判・288頁
平成22年12月発行
9784764603332

ハプスブルク家かく戦えり

ヨーロッパ軍事史の一断面

久保田　正志著

欧州パワーゲームのメイン・プレーヤーの歴史

中世から第一次大戦までヨーロッパのほぼ全ての戦争に関わる一方、トルコとも戦い続けたハプスブルク家を初めて戦史の主役に据え、欧州の軍事史を通史として叙述。

定価7,700円
〔本体7,000円〕
A5判・512頁
平成13年9月発行
9784764603134

第一次世界大戦とその影響

軍事史学会編 《『軍事史学』199・200合併号》

第一次世界大戦は日本および国際社会にどのような影響を及ぼしたのか？

総力戦の実相と第一次世界大戦の影響について国内外の研究者が多角的な視点から分析した論文を多数収録。開戦一〇〇周年、軍事史学会創立五〇周年記念出版。

定価4,400円
〔本体4,000円〕
A5判・496頁
平成27年3月発行
9784764603417

日露戦争（一）国際的文脈

軍事史学会編 《『軍事史学』158・159合併号》

軍事史学会40年の蓄積を投入した日露戦争の総合研究書

近代日本の進路と二十世紀の潮流を方向付けた世界史的事件に政治、外交、軍事、国際法、経済、社会文化の各方面から多角的かつ複眼的に迫る。

定価4,400円
〔本体4,000円〕
A5判・360頁
平成16年12月発行
9784764603189

日露戦争（二）戦いの諸相と遺産

軍事史学会編 《『軍事史学』161・162合併号》

日露戦争の総合研究の第二弾

日露戦争の真相に露・米・英各国を含む気鋭の研究者が多彩な研究分野から多角的かつ複眼的に迫る画期的論集。日露戦争研究 日本語文献目録を収録。《日露戦争百周年記念出版》

定価4,400円
〔本体4,000円〕
A5判・348頁
平成17年6月発行
9784764603196

日中戦争の諸相

軍事史学会編 《『軍事史学』130・131合併号》

盧溝橋事件勃発60周年記念出版

二十世紀は戦争と革命の時代だったとよく云われる。その中で真に複雑な種種相をもつ日中戦争を、日中英独の気鋭の研究者が、実証的研究を積み重ねて綴った画期的論集。正に日中戦争の真実に迫る。

定価4,950円
〔本体4,500円〕
A5判・476頁
平成9年12月発行
9784764603097

日中戦争再論

軍事史学会編 《『軍事史学』171・172合併号》

最新の研究文献目録も収録した日中戦争の総合研究書

日本史上最長・最大の戦争である日中戦争を最新の研究成果に基づき国内外の研究者、実務家らが、作戦戦闘・外交・経済・国際法・インテリジェンス・メディアなど多様な視点から再検討する。

定価4,400円
〔本体4,000円〕
A5判・532頁
平成20年3月発行
9784764603226

再考・満州事変

軍事史学会編 《『軍事史学』146・147合併号》

満州事変とは何だったのか？ 七十年目の検証

満州事変前夜の状況分析から、その種々相を、中国人研究者三名を含む当代の気鋭の研究者が資料を博捜し、七〇年を経て漸くその真実に迫る。近現代日本史を研究する全ての方々に贈る画期的論集。

定価4,400円
〔本体4,000円〕
A5判・350頁
平成13年10月発行
9784764603158

第二次世界大戦(一) 発生と拡大

軍事史学会編 《『軍事史学』第99・100合併号》

大戦研究の新分野を切り開く意欲的論集

戦後体制の終焉が論議される今日、第二次世界大戦の諸相を斬新な視角で問い直す。第二次世界大戦勃発五十周年記念出版。

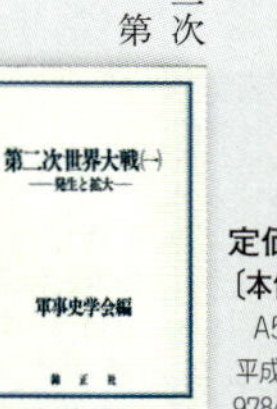

定価4,379円
〔本体3,981円〕
A5判・444頁
平成2年3月発行
9784764603011

第二次世界大戦(三) 終戦

軍事史学会編 《『軍事史学』第121・122合併号》

第二次世界大戦終末の諸相を斬新な視角で問い直す

外国人研究者三名を含む、各世代を代表する二十数名の研究者から寄せられた論稿。軍事史学会平成七年度年次大会での瀬島龍三、阪谷芳直両氏の公演録も収録。

定価4,806円
〔本体4,369円〕
A5判・460頁
平成7年9月発行
9784764603066

PKOの史的検証

軍事史学会編 《『軍事史学』167・168合併号》

PKO「研究者」と「経験者」双方から迫る画期的論集

紛争の平和的解決、停戦の監視、秩序の維持、ポスト・コンフリクトの再建過程における武装解除と治安維持、インフラの整備、復興援助など、六十年の歴史を有し世界各地で現在進行中のPKO（平和維持活動）を歴史的に検証する。

定価4,400円
〔本体4,000円〕
A5判・372頁
平成19年3月発行
9784764603219

蒙古襲来絵詞と竹崎季長の研究

佐藤　鉄太郎著 《錦正社史学叢書》

蒙古襲来絵詞についての従来の学説を根本的に改める

蒙古襲来絵詞に描かれた「てつはう」や三人の蒙古兵などは江戸時代に改竄で描き込まれた絵だった!?　精緻な考証と分析によって蒙古襲来絵詞について数多くの新しい事実を解き明かした研究。

定価10,450円
〔本体9,500円〕
A5判・472頁
平成17年3月発行
9784764603172

蒙古襲来 その軍事史的研究

太田　弘毅著 《錦正社史学叢書》

元及び朝鮮の側史料から見た文永・弘安の役

勝敗を決したのは、元・朝鮮連合軍の編成の失敗による、と画期的見解を相手国側の文献から実証する。蒙古襲来が元帝国による日本への軍事行動である以上、軍事史的観点を抜きにしては論ぜられない。

定価9,900円
〔本体9,000円〕
A5判・370頁
平成9年1月発行
9784764603080

日本中世水軍の研究 梶原氏とその時代

佐藤　和夫著 《錦正社史学叢書》

水軍研究の最高峰

平氏を倒した源氏梶原水軍、武田・里見氏と死闘を演じた戦国梶原海賊に至る四百年の成立と展開を軸に著者多年の実証的研究による中世水軍史の集大成。系図・地図・年表・索引も付載。

定価10,467円
〔本体9,515円〕
A5判・430頁
平成5年7月発行
9784764603059

慰霊と顕彰の間

近現代日本の戦死者観をめぐって

國學院大學研究開発推進センター編

慰霊・追悼・顕彰研究の基盤を築くために

近現代日本における戦死者の慰霊・追悼・顕彰をめぐる諸制度や担い手の言説の歴史的変遷について、多彩な分野の研究者たちが多角的かつ冷静な視点から論究する。

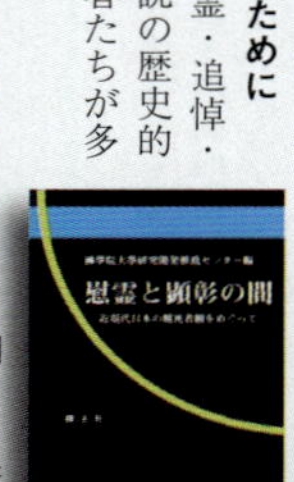

定価3,520円
〔本体3,200円〕
A5判・328頁
平成20年7月発行
9784764602823

霊魂・慰霊・顕彰 死者への記憶装置

國學院大學研究開発推進センター編

戦死者「霊魂・慰霊・顕彰」の基礎的研究

政治的・思想的な対立軸を受けやすい戦没者慰霊に関する諸問題の中で神道的慰霊・顕彰と「怨親平等」思想、近代における戦没者慰霊の場や招魂祭祀、仏教の関与、災害死者との差異など霊魂観の性格に直結する事象を中心に多彩な研究者が思想信条の垣根を越え実証的かつ冷静に論究。

定価3,740円
〔本体3,400円〕
A5判・360頁
平成22年3月発行
9784764602847

招魂と慰霊の系譜

「靖國」の思想を問う

國學院大學研究開発推進センター編

「招魂と慰霊の系譜」を問いなおす

「靖國問題」に代表される近代日本に於ける慰霊・追悼のあり方や招魂・顕彰といった問題に迫る論集。客観的かつ実証的な研究から思想的対立を超えた真の自由な議論を導く。

定価3,740円
〔本体3,400円〕
A5判・352頁
平成25年3月発行
9784764602960

プリンス オブ ウエルスの最期

主力艦隊シンガポールへ

日本勝利の記録

R・グレンフェル著　田中　啓眞訳

シンガポール陥落の重大さとチャーチルの責任

プリンス オブ ウエルス・レパルスの悲劇をもたらした責任は一体、誰にあったのか？ 英国の海軍大佐であった著者が状況を分析。

定価1,980円
〔本体1,800円〕
A5判・224頁
平成20年8月発行
9784764603264

日本の悲劇と理想

平泉　澄著

大東亜戦争に至る真実を識る歴史書の普及版

全編を通じ著者が力を注いだのは、圧倒的な白人勢力の世界支配に屈せず、開国以来独立を維持してきた日本の苦難の歴史の中に、一貫する日本の理想を明らかにする。

定価1,923円
〔本体1,748円〕
B6判・416頁
平成6年11月発行
9784764602403

戦前 昭和ナショナリズムの諸問題

清家　基良著　《錦正社史学叢書》　※美本なし

戦前のナショナリズムの問題点に多角的に迫る

大東亜戦争は、近代最大の事件であり影響は極めて大なるにも拘わらず、依然として東京裁判史観が横行している今日の日本の道徳観・歴史観に一石を投じる書。

定価10,467円
〔本体9,515円〕
A5判・392頁
平成7年12月発行
9784764603073

錦正社 図書案内 ①軍事史

〒162-0041 東京都新宿区早稲田鶴巻町544-6
電話03(5261)2891 FAX03(5261)2892

海軍大将 嶋田繁太郎備忘録・日記Ⅰ

備忘録 第一～第五

軍事史学会編 黒沢文貴・相澤淳監修

昭和期の政治外交史・軍事史の基本史料

軍令部次長、支那方面艦隊司令長官、海軍大臣、軍令部総長等の要職を歴任し、二・二六事件、日中戦争、太平洋戦争などの歴史的重大事に深く関与した嶋田繁太郎が記した貴重な記録。

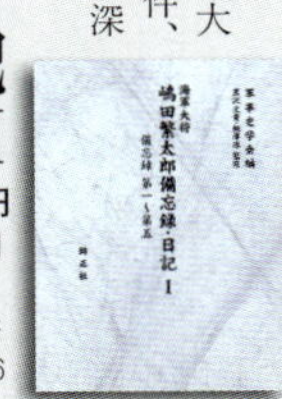

定価10,450円
〔本体9,500円〕
A5判・464頁
平成29年9月発行
9784764603462

海軍大将 嶋田繁太郎備忘録・日記Ⅲ

日記 昭和十五年、昭和十六年、昭和二十一年・二十二年、昭和二十二年・二十三年

軍事史学会編 黒沢文貴・相澤淳監修

呉鎮守府司令長官から支那方面艦隊司令長官、横須賀鎮守府司令長官を歴任し、海軍大臣として開戦を迎えた「昭和十五年」「昭和十六年」の日記および終戦後、巣鴨プリズンに収監され、極東国際軍事裁判の被告となっていた「昭和二十一年・二十二年」「昭和二十二年・二十三年」の日記を収録。

定価10,450円
〔本体9,500円〕
A5判・528頁
令和2年5月発行
9784764603486

続巻刊行予定

Ⅱ 備忘録 第六・第七・無標題・(特)寫

※価格未定です。
内容は追加・変更になる場合があります。

元帥畑俊六回顧録

軍事史学会編 伊藤 隆・原 剛監修

陸軍研究にとって極めて貴重な史料

元帥畑俊六が戦犯容疑者として収容されていた巣鴨獄中で書かれた誕生から陸軍大臣就任に至るまでの詳細な「回顧録」「巣鴨日記Ⅰ・Ⅱ」「敗戦回顧」「日誌Ⅰ」を収録。陸軍内の派閥対立から間を置いた立場にあった畑ならではの客観的な記述は他に類を見ない。陸軍研究に欠かせない史料。

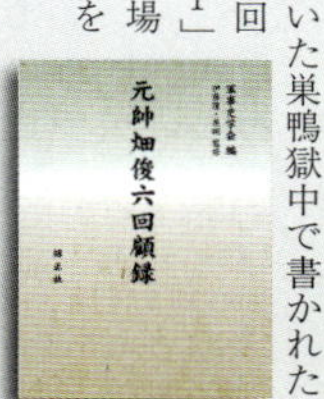

定価9,350円
〔本体8,500円〕
A5判・530頁
平成21年7月発行
9784764603295

大本営陸軍部作戦部長 宮崎周一中将日誌

防衛研究所図書館所蔵 軍事史学会編

昭和期の陸軍を知る上で欠かせない第一級の根本史料

大本営陸軍部作戦部長が明かす対米(対中)作戦の実情。第十七軍参謀長(中国戦線に従軍)、第六方面軍参謀長(ガダルカナル作戦に従軍)、陸軍部作戦部長時代の日誌を収録。

定価16,500円
〔本体15,000円〕
A5判・530頁
平成15年6月発行
9784764603165

大本営陸軍部戦争指導班 機密戦争日誌(全二巻)〔新装版〕

防衛研究所図書館所蔵 軍事史学会編

参謀たちの生の声が伝わる貴重な第一級史料

変転する戦局に応じて、天皇と政府、陸軍及び海軍が、政治・外交指導を含む総合的な戦争指導について、いかに考え、いかに実行しようとしたか? 大本営政府連絡会議の事務を取り扱っていた大本営陸軍部戦争指導班の参謀が交代で記述した業務日誌により日々の克明な足跡がここに明かされる。

揃定価22,000円
〔本体20,000円〕
A5判・総800頁
セット函入
平成20年5月発行
9784764603233

第一次世界大戦と民間人

「武器を持たない兵士」の出現と戦後社会への影響

鍋谷 郁太郎編

「銃後」における民間人の戦争を検証する

第一次世界大戦を「武器を持たない兵士」としての民間人が、どの様に受け止め、如何に感じ、生き抜いていったのか？ ドイツ史、フランス史、イタリア史、ロシア史、ハンガリー史、日本史の立場からの研究成果論集。

定価4,950円
〔本体4,500円〕
A5判・334頁
令和4年3月発行
9784764603547

日本海軍と東アジア国際政治

中国をめぐる対英米政策と戦略

小磯 隆広著

日本海軍の対英米政策・戦略を繙く

満州事変後から太平洋戦争開戦まで、日本海軍が東アジア情勢との関係において、英米の動向をいかに認識・観測し、いかなる政策と戦略を講じようとしたのか。歴史学的検証により、海軍が果たした役割を解明する。

定価4,620円
〔本体4,200円〕
A5判・320頁
令和2年5月発行
9784764603523

英米世界秩序と東アジアにおける日本

中国をめぐる協調と相克 一九〇六～一九三六

宮田 昌明著

日本の外交史研究の可能性に挑む大作

二十世紀前半の日本の中国外交と世界意識、英米の世界戦略と東アジア外交、各国の内政、外交、通商、移民、安全保障の交錯を描く。

定価10,780円
〔本体9,800円〕
A5判・896頁
平成26年9月発行
9784764603394

第一次上海事変の研究

軍事的勝利から外交破綻の序曲へ

影山 好一郎著

第一次上海事変は日本近現代史にいかなる影響を及ぼしたのか。軍事と外交の実相に迫る

日本近現代史に極めて大きな影響を与えた第一次上海事変の軍事と外交の実相とその本質に迫る初めての本格的研究書。

定価10,450円
〔本体9,500円〕
A5判・576頁
平成31年1月発行
9784764603509

「大東亜共栄圏」の形成過程とその構造

陸軍の占領地軍政と軍事作戦の葛藤

野村 佳正著

「大東亜共栄圏」とはなんだったのか

「大東亜共栄圏建設」達成のため、軍事作戦と並ぶ重要手段が占領地軍政である。占領地軍政と軍事作戦の相互作用を分析し、「大東亜共栄圏」の形成過程と構造を検証する。

定価4,620円
〔本体4,200円〕
A5判・352頁
平成28年9月発行
9784764603448

呉海軍工廠の形成

千田 武志著

戦艦大和を造った海軍工廠はいかにして形成されたのか

呉海軍工廠の前身と関連部門を、長期かつ広範にわたり数多の資史料を分析することにより、海軍工廠形成の全貌を明らかにする。呉工廠の実態、とくに目的と結果、その目的の実現のため海軍が採用した方策を解明する。

定価11,000円
〔本体10,000円〕
A5判・836頁
平成30年2月発行
9784764603493

日本軍の精神教育

軍紀風紀の維持対策の発展

熊谷　光久著

日本陸海軍の精神教育の実態と刑罰・懲罰の制度に鋭く迫る

精神面に関する施策がどのように行われ、変遷したか、その功罪は何か。精神教育と技術教育の関係はどのようなものとして考えられていたのか。組織と個人のかかわりを内側から探る。

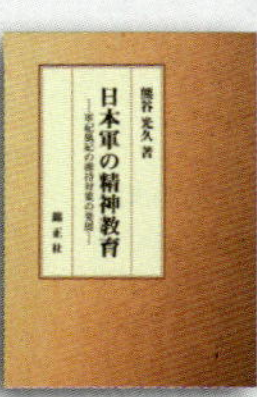

定価4,180円
〔本体3,800円〕
A5判・386頁
平成24年3月発行
9784764603356

砲・工兵の日露戦争

戦訓と制度改革にみる白兵主義と火力主義の相克

小数賀　良二著

日本陸軍は、日露戦争で何を学んだのか？

日露戦争を経て白兵主義が台頭していくなか、砲・工兵はどのような戦訓を得て、どのような改革を実行したのか。世界的な軍事動向から日本陸軍の状況を解明する。

定価4,620円
〔本体4,200円〕
A5判・320頁
平成28年2月発行
9784764603400

日ソ張鼓峯事件史

笠原　孝太著

初めてソ連側の重要史料を駆使して、日ソ双方の視点を交錯させつつまとめあげた力作（秦郁彦氏推薦）

日本側史料により、ソ連軍の勝利に終わり日本軍は近代戦の洗礼を受けた戦いと認識されてきた張鼓峯事件を、ロシア側史料・研究成果と比較し、再評価・検証した画期的研究書。

定価3,300円
〔本体3,000円〕
A5判・200頁
平成27年8月発行
9784764603424

民防空政策における国民保護

防空から防災へ

大井　昌靖著

焼夷弾火災に対する敢闘精神とバケツリレーに象徴される防空法は悪法だったのか？

防空法を消防・防火の失敗だけで評価することが妥当なのか？　民防空の国民保護政策としての歴史的意義を検証し、今日の防災へと繋がる教訓を明らかにする。

定価5,280円
〔本体4,800円〕
A5判・344頁
平成28年10月発行
9784764603455

中国海軍と近代日中関係

馮　青著

日中関係史の中で中国海軍の発展と諸問題を考察する

近代日中関係に中国海軍が果たした役割は何か。海軍の視角からどのような近代日中関係史・東アジア国際関係史像を描くことができるか。日中のみならず諸外国の史料をも駆使し、実証的かつ客観的に考察する。

定価3,740円
〔本体3,400円〕
A5判・264頁
平成23年11月発行
9784764603349

ケネディとベトナム戦争

反乱鎮圧戦略の挫折

松岡　完著

ベトナム戦争に軍事史的側面から迫る

ゲリラ戦争という名の脅威に挑みながら、具体的な対応をめぐる政権内部の軋轢、南ベトナムとの摩擦などに直面した若き大統領がもがき苦しんだものとは？

定価7,480円
〔本体6,800円〕
A5判・560頁
平成25年2月発行
9784764603363

明治維新と陸軍創設

浅川　道夫著

陸軍建設にまつわる諸課題を実証的に検証

維新政府の陸軍建設というテーマに、直轄諸隊・対藩兵政策・用兵思想・軍紀形成・兵器統一などの問題毎に章立てをおこない、多角的かつ実証的にアプローチし、維新政府による建軍構想の枠組みを明らかにする。

定価3,740円
〔本体3,400円〕
A5判・320頁
平成25年5月発行
9784764603370

江戸湾海防史

浅川　道夫著

幕末の江戸湾海防政策の変遷を軍事史の観点から考察

江戸湾の海防は、当時の国際関係の中で、幕藩体制を維持しようとする幕府にとって最重要課題の一つだった。台場建設から明治維新まで半世紀以上続いた幕藩体制下の江戸湾海防の変遷を軍事史の観点から考察する。

定価3,080円
〔本体2,800円〕
A5判・216頁
平成22年11月発行
9784764603325

お台場　品川台場の設計・構造・機能

浅川　道夫著

日本初の海中土木構造物「品川台場」築城の歴史

「品川台場」の設計・配列・諸施設の構造等について、西洋築城術がどのような形で反映されているのか？　台場築造に用いたオランダの築城書を個々に探究し、日本側の史料・品川台場の遺構と照合して明らかにする。

定価3,080円
〔本体2,800円〕
A5判・216頁
平成21年6月発行
9784764603288

日本の軍事革命

久保田　正志著

ジェフリー・パーカーの「軍事革命」論は日本にも当てはまるのか？

鉄炮の伝来・普及に端を発した日本の軍事上の変革が戦国時代から近世初期にかけての社会制度にどのような影響をもたらしたか。西欧との比較から戦国時代の特性を炙り出す。

定価3,740円
〔本体3,400円〕
A5判・280頁
平成20年12月発行
9784764603271

元寇役の回顧　紀念碑建設史料

太田　弘毅編著

元寇紀念碑建設運動と護国運動に史料面から光を当てた貴重な一冊

元寇紀念碑建設運動を推進し、後半生を捧げた湯地丈雄。その運動を助けた矢田一嘯画伯や佐野前励師。彼らや元寇紀念碑建設に関連する絵画・伝記・音楽等の史料を収録。

定価7,480円
〔本体6,800円〕
A5判・366頁
平成21年11月発行
9784764603301

明治期国土防衛史

原　剛著　《錦正社史学叢書》

明治初期から日露戦争までの国土防衛史を繙く

明治期、国土防衛のために陸海軍がどのように建設され、要塞等の防衛施設がどのように建造されたか。日清・日露戦争の戦争間、国土防衛のための作戦計画はどのように策定されたか。研究の空白を埋める貴重な研究。実地調査を基に記録された貴重な要塞地図を別冊として付録。

定価10,450円
〔本体9,500円〕
A5判・594頁
＋別冊付図
平成14年2月発行
9784764603141

が設置され、明治四十年十一月には広島陸軍被服支廠へと昇格した[65]。また、この被服支廠は宇品線を隔てて広島陸軍兵器支廠と相対しているほか、近辺には要塞砲兵営、要塞司令部といった施設があり、日露戦争前後にかけて宇品に陸軍関係の重要な施設が複数設置された[66]（図1）。これら施設で働く人々が初めて宇品線を通勤に利用することになった。

沿線には荒神小学校や比治山小学校、広島女子専門学校、女子商業高等学校などの学校があり、生徒・児童の通学に利用された。また五大紡績会社の一つであった大阪合同紡績会社広島工場も建設されるなど民間企業の設立を確認できる[67]。その他にも地図には「野口ゴム事業所」「木村石炭店」「広島石粉会社」と多種多様な企業が名を連ねている[68]。このような施設・企業で働く職員も通勤に宇品線を利用し、同線は市民の足としての役割を担った。

しかし、明治三十九年十二月一日に「鉄道国有法」によって既に山陽鉄道もろとも国有化され、鉄道作業局の所管に移ったうえで営業していた宇品線は、大正四年に軍専用線とされ一般営業を廃止せざるを得なくなった。大正八年には線名も失い、貨物線となってしまうが、昭和五年（一九三〇）に芸備鉄道が宇品線を借

図1　被服支廠と兵器支廠（兵器庫）
出典：『廣島市街地図』

表5　昭和2年芸備鉄道輸送量　（単位：トン）

広島		東広島		甲立		三次		備後庄原	
積出	到着	積出	到着	積出	到着	積出	到着	積出	到着
92,865	33,013	6,912	46,648	31,059	3,477	28,700	16,352	53,605	7,788

出典：『広島県統計書』より作成。

り上げ、旅客営業を再開した。芸備鉄道は当時「広島」―「備後庄原」間を建設した鉄道会社であり、広島県北部の豊富な資源を国鉄宇品線に繋がる「広島」まで大量かつ迅速に輸送する目的で誕生した企業である[69]。広島県北部は元来木材、木炭、農産物が豊富な地域であったが、物資の輸送は専ら牛馬や荷車に頼るほかなかった。芸備鉄道は開通後「広島」と北部地域の円滑な物資移動に貢献しており、広島県内の鉄道網を広げる一翼を担った。昭和二年の『広島県統計書』によれば、「備後庄原」や「三次」といった地域から多くの物資を輸送していることが分かる[70]（表5）。当時の輸送物資のほとんどは木材や木炭であり、それらの輸送先は「広島」、「東広島」が大部分を占めていた。当時の「東広島」は「広島」から五〇〇mしか離れていない駅であり[71]、国鉄宇品線に非常に近かった。宇品は先に述べたように、軍の重要な施設や多種多様な企業が設置されているうえ宇品港も有しており、海を通して他の地域へ輸送することも可能だった。当時貨物線となっていた国鉄宇品線を借り上げることで、これらの物資を北部から円滑に宇品地域へ輸送できる利点があったと考えられる。

また、国が国鉄宇品線の借り上げに応じたことには、広島電鉄が関係していた。後で述べるように、広島電鉄が宇品に開通して以降、広島だけでなく白島、横川といった地域にも容易に移動することが可能になった。また、広島電鉄は紙屋町などの都市部を経由する路線であり、広島電鉄が開通したことで広島電鉄宇品線と同域を運行する国鉄宇品線の重要度が下がったことが考えられる。

国鉄宇品線は芸備鉄道に借り上げられる以前は、「広島」「比治山」「丹那」「宇品」というルートを通っており、市民が利用するにはいささか駅が少なかった[72]。しかし芸備鉄道によって運営されるようになったことで、「広島」「愛宕町」「大須口」「東段原」「女子商業前」「兵器支廠前」「被服支廠前」「大河」「大河地蔵前」「丹那」「人絹裏」「宇品」というように駅数がおよそ三倍になり、より細かい移動が可能になった[73]。

その後、昭和十二年に芸備鉄道が国有化されるまで市民に利用されていた宇品線だが、太平洋戦争が勃発してからは軍用鉄道としての役割を果たすため、軍事関係の列車を優先し旅客営業については運休することも珍しくなかった。

一方広島電鉄宇品線は、開業当初の大正四年四月三日の時点で、「御幸橋東詰」から「糧秣支廠北裏門」「糧秣支廠西裏門」などを通って「宇品」へと繋がる路線であった（図2）。沿線には電停名からも分かる通り、明治三十年以降陸軍糧秣支廠が設置されており、近距離に二つ電停を設けるほど広島電鉄宇品線において主要な施設であったと考えられる。

また、開業当初、運賃は区間制が採られており、一区間二銭、以降は一区ごとに二銭加算される形だった[74]。その後、第一次世界大戦による物価の高騰を受け運賃の値上げを実施したが、大正十一年の戦後不況を受ける人々への利用促進を図るため運賃値下げに踏み切った[75]。値下げを実施した後も運送収入は減少しておらず、多くの人々が広島電鉄を利用したことが分かる。

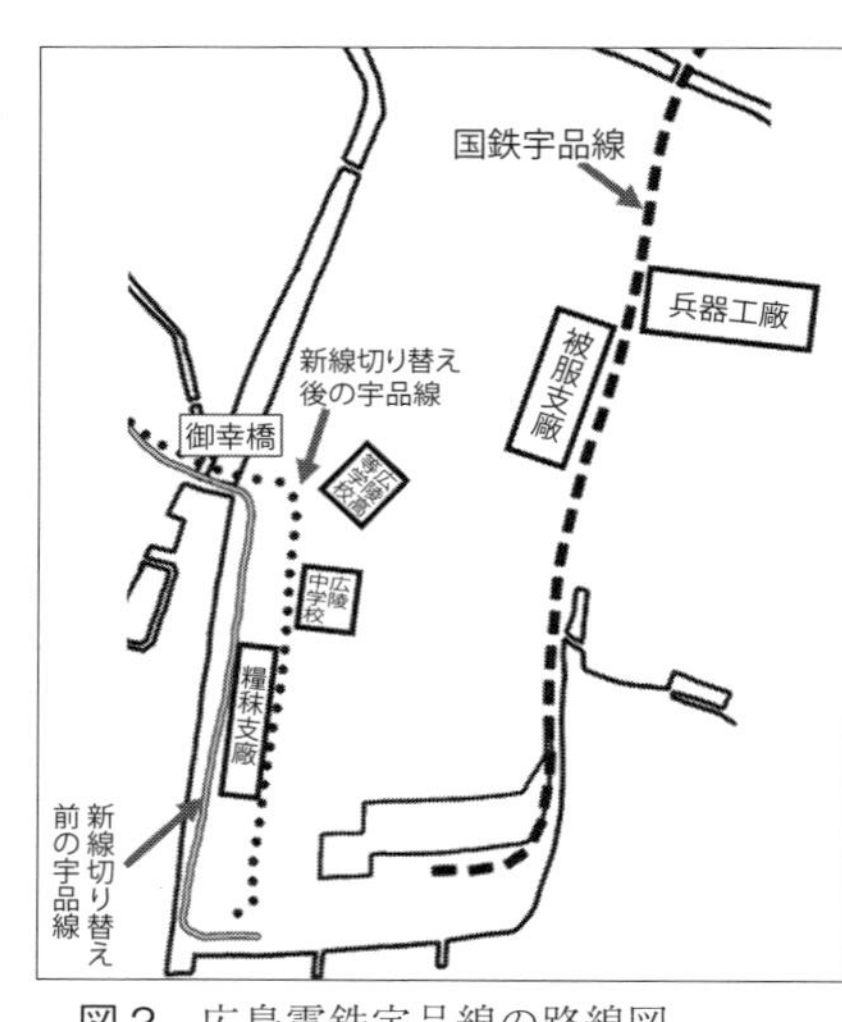

図２　広島電鉄宇品線の路線図
出典：『広島電鉄開業100年・創立70年史』より作成。

さらに昭和十年宇品線は糧秣支廠の西を海沿いに通っていたルートから、東の御幸通付近を通るルートに切り替えた[76]（図2）。新線は御幸橋の後、「皆実町六丁目」「宇品二丁目」を通り「宇品」へと向かうルートであり、以前よりも宇品町の中心に近くなっていた。沿線には、広島高等学校、広陵中学校といった学校の他に水上警察署、宇品運送会社、大阪商船会社など海運に関する企業、施設が多く存在した。新線に切り替えたことで広島高等学校、広陵中学校の生徒は宇品線をより利用しやすくなり、糧秣支廠の職員以外にもこれらの学生が宇品線を利用したのではないかと推測できる。

また、前述のように宇品港周辺には様々な海運関係の企業や施設が存在していた。宇品港における移出入の合計金額は大正十年に二五七万円を、昭和元年には四九〇万円を超え、同四年には五二八万八七九円に達していた[77]。宇品港は確かに戦時では軍用港としての印象が強かったが、平時では徐々に商業港としての重要性が増すことになった。こうして、宇品港の成長と共に宇品地域の開発も進んだ。

例えば電停の一つである「宇品五丁目」付近には、昭和十年に広島鉄道局が設置された。当時の鉄道局は鉄道大臣の管理下にあり、管轄区域内における国有鉄道の現業事務を行うとともに鉄道の建設・改良に関する手続きを行うものだった。[78] この鉄道局の所管区域は山陽本線の「下関」―「明石」間、四国全土といった広範囲に及ぶものであり、非常に重要な施設であった。

このように宇品地域には複数の学校の他にも重要な公的機関や多種多様な企業が多く存在し、広島電鉄宇品線の新線切り替えにより宇品の中心を鉄道が通過することで、以前と比較して多くの学生や職員も利用しやすくなったと言える。

戦争遂行にあたり、飛行機や船舶といった軍需品を製造する工場の業務が最優先とされ、そこで働く職員を輸送することもまた軍需産業同様重視された。第一次世界大戦終結後の大正七年、陸軍の強い要求により「軍需工業動員法」が公布され、この法によって戦時に軍需工業や鉄道等輸送機関を強制的に徴用する権限が国に与えられることとなり、宇品線を始めとした鉄道を軍事利用することが可能になったのである。これによって昭和十二年の「支那事変」の際、軍需工場への職員輸送のため広島電鉄全体の利用者数がそれ以前の最盛期であった昭和四年のおよそ二倍にまで激増しており、広島電鉄宇品線もまた、沿線に糧秣支廠が設置されていたことから利用者数を押し上げた。

宇品港への輸送は主に、先に述べた国鉄となった宇品線が担ったが、全線単線かつ非電化路線で徐々に戦時下の輸送に対応できなくなっていった。宇品港への乗り入れは広島電鉄宇品線も既に達成していたが、広島電鉄は広島市内中心部である紙屋町に乗り入れており物資を県外から受け入れる広島駅からは大きく迂回するような形となっていた。そこで、軍から要請を受けて国鉄宇品線の輸送力を補完するために広島駅と宇品港を直接結ぶ比治山線の建設に取り掛かった[79]。昭和十九年十二月二十七日、「的場町」—「皆実町三丁目（現皆実町六丁目）」間を開業し、新線へ切り替えた宇品線と直結する形で営業を開始した[80]。これは「広島」—「宇品」間の大幅な移動距離の短縮となり、以前よりも市民が移動しやすくなった。

このように二本の宇品線が存在した宇品町は、山陽鉄道と宇品港を結ぶ中継地であると同時に様々な公的機関や企業が存在する町であった。大正期に敷設された広島電鉄は、広島市民に多く利用される鉄道となり、それ以前の乗合馬車や人力車といった移動手段を一新させる契機となったことは言うまでもない。しかしそれほどまでに市民に鉄道が普及していても、当時最も重視されていたのは軍事利用の面であり、それを前提とした営業や改修が行われた。市民生活に戦時と平時が混在していた近代ならではの鉄道の在り方である。

第二項　広島市における鉄道敷設と市民生活への影響

広島に鉄道が普及する以前の移動方法と言えば、人力車や自転車、乗合馬車などが挙げられるが、どれも鉄道ほど一度に多くの人々を輸送できるものではない。

人力車は広島市では明治四年頃に運転が開始され、明治十七年には八〇〇台が記録された[81]。日清戦争開戦後、広島に大本営が置かれると政府高官、陸海軍将官、国会議員、新聞記者などが旅館、寺院、民家などに溢れ、人の移動を専ら人力車に頼ったため、一・五倍に増加したと言われている[82]。そして明治四十年に一、八七二台と最盛期を迎えたのち衰退の途を辿った。

乗合馬車は、明治三年頃に日本に出現し、当初は明治五年制定の違式註違条例（現在の軽犯罪法に相当）によって規制されていたが、次第に増加したため、明治十九年に乗合馬車取締規則標準が制定された。広島県では、明治二十年に乗合馬車営業取締規則が制定され、廿日市、可部、海田市方面への乗合馬車が運行されていた。日露戦争が開戦した明治三十七年当時に、「広島駅」―「細工町」―「宇品」間を結ぶ軍用郵便馬車として利用され、明治三十九年四月には、市内乗合馬車が営業を開始した。同年、己斐村に設立された三轟馬車組合は、明治四十三年頃には従業員四〇〇人と車両一五六台を数えたという。(83) 乗合馬車は定員が六名で、運賃は市内均一で五銭と格安であったが、鉄道が敷設されてからは徐々に営業が困難になり衰退していった。

明治期に広く普及していたこのような交通手段も、広島電鉄の敷設を一因として大正期にはあまり見られなくなっていった。明治から大正にかけて、人々の移動手段が明確に変化していったのである。

広島電鉄は開業当初、「広島」―「相生橋」間の本線、「紙屋町」―「鷹野橋」間の西塔川線、「鷹野橋」―「御幸橋」間の御幸橋線、「八丁堀」―「白島間」の白島線の四つの路線を有していた。本線の沿線には、練兵場や官舎などの陸軍施設があったほか、郵便局や商工会議所など民間に利用される施設も存在した。加えて、広島偕行社附属済美小学校といった教育施設もあり、広島の中心地として栄えていた。また、西塔川線の沿線には県立広島第一中学校や広島第一高等女学校などの教育施設のほか、昭和三年に広島市役所が設置された。それ以降は、電停の名前も「公会堂前」から「市役所前」

へと変更され、市政の中心を担う地区となった。この西塔川線は御幸橋線に繋がっており、御幸橋線沿線には附中高等師範学校や附属の小中学校、進徳女子女学校、広島工業学校、修道中学校など多くの教育施設が設置され、学生が広島電鉄を多く利用したことが推測できる。白島線は、当時陸軍施設が多く設置されていた広島城一帯の東側である八丁堀を通る形で敷設されており、沿線にあった税務署や税務監督局などの職員が多く利用したと考えられる。これら四つの路線が敷設された後、「御幸橋」―「宇品」間の宇品線、「左官橋」―「横川間」の横川線、「土橋」―「舟入南町」の江波線をはじめとして多くの路線の敷設を進めるほか、既に敷設されていた本線の延伸工事に取り掛かった。その結果、太平洋戦争勃発前の時点で宇品から「横川」、「西広島」、「舟入」、「白島」といった、より広範囲への移動が可能になった。広島市内を走る広島電鉄の敷設で、地方から紙屋町や本通といった中心部への移動も円滑になったことで、市内輸送人数も年々増加していき、昭和十五年頃には年間五〇〇〇万人近くにまで上っている。

加えて日清戦争後山陽本線の敷設も進んでおり、明治三十年には己斐駅（後の西広島駅）、廿日市駅、同三十二年には五日市駅が開設された。さらに明治三十四年には下関まで開通しており、県を跨いだ移動も可能になった。また、山陽本線の己斐駅、横川駅、広島駅にはそれぞれ広島電鉄が乗り入れており、より広域な鉄道網を構築していた。

このように山陽本線の存在によって市や県を超えた移動ができるようになったことや、広島電鉄の敷設によって市内の移動が円滑になったことで広島市民の移動が活発化した。それによって、労働者は様々な場所に移動することが可能になり労働力を安定的に確保できるほか、鉄道で複数の地域が繋がることで原材料や製品などの貨物を円滑に進めることができ、産業の振興に繋がったと考えられる。

おわりに

広島に大本営が置かれる要因となった鉄道は、各地の師団から兵員や物資を輸送することを可能にした。日清戦争中、宇品には仮設軍用鉄道である宇品線が敷設され、山陽鉄道の広島停車場と兵員の出発地である宇品港を繋げることでより迅速な兵の移動を可能にした。この宇品線は日清戦争終結後に本敷設されることとなり、運営は山陽鉄道会社によって行われたが、軍事輸送のためにその後も度々旅客営業は運休を余儀なくされている。

日清戦争を機に、広島は急速に都市化が進み、県内の鉄道敷設も徐々に拡充していった。大正期には広島電鉄が敷設されたことにより広島市内の移動が容易になった。これらの鉄道敷設は、より安定した物資の輸送を可能にし産業の振興に貢献した。また、市民の移動が容易になったということは、人材が不足していた場所に市民が働きに出ることも可能になったということであり、経済全体の安定感が増したことが推測できる。このように広島における鉄道敷設は人々の移動範囲を広げ、巨大都市を形成することに貢献したといえよう。

本章では広島における鉄道として、主に山陽鉄道及び国鉄宇品線と広島電鉄を取り上げた。これらの鉄道は、第三節で述べた通り軍事輸送もしくは市民の移動において特に重要な役割を果たしており、それは原爆投下後も同様であった。昭和二十年八月六日、広島に原子爆弾が投下され、広島市内は甚大な被害を受けた。国鉄宇品線は比治山の東側を通っていたため大きな被害は出ず、原爆投下のおよそ五時間後には救援列車が運転されていたことを確認できる。[84] この救援列車は「宇品」―「南段原」間を二～三往復して三、〇〇〇人の負傷者を運んだ。[85] また、国鉄宇品線の沿線には戦後、広島財務局や広島労働基準局などの官公庁のほか県立第一高等女学校、県立工業学校などが移転し、通学通勤利用者が急激に増加した。[86] 広島電鉄は在籍車両一二三両のうち一〇八両が被災し、運休せざるを得ない状況であったが八月九日には比較的被害の少なかった「己斐」―「西天満町」間の運転を再開した。他の区間についてはほとんどが八月中に復旧することが叶わなかったが、この「己斐」―「西天満町」間については家族の捜索などで電車を利用したい市民に無償で運行していたという。[87]

国鉄宇品線については、昭和六十一年に廃線となっているが、南段原駅や下大河駅跡地にはモニュメントが設置されており、どのような経路で国鉄宇品線が敷設されていたのかをわずかながら追うことができる。また、広島電鉄については多少の路線変更はあったものの、ほとんどが当時と変わらない場所で運行しており、現在も多くの広島市民に利用されている。

註

（1）福沢諭吉『福沢諭吉著作集　第1巻　西洋事情』（慶応義塾大学出版会、二〇〇二年）五四頁。
（2）国土交通省「日本鉄道史」〈https://www.mlit.go.jp/common/000218983.pdf〉（二〇一二年七月二十五日）四頁。

（3）同右。
（4）同右。
（5）高階秀爾、芳賀徹、老川慶喜、高木博志編著『鉄道がつくった日本の近代』（成山堂書店、二〇一四年）。
（6）中西健一『日本私有鉄道史研究　増補版――都市交通の発展とその構造――』（ミネルヴァ書房、二〇〇九年）。
（7）長船友則『山陽鉄道物語――先駆的な営業施策を数多く導入した輝しい足跡――』（JTBパブリッシング、二〇〇八年）。
（8）長船友則『宇品線92年の軌跡』（ネコ・パブリッシング、二〇一二年）。
（9）広島電鉄社史編纂委員会『広島電鉄開業100年・創立70年史』（広島電鉄、二〇一二年）。
（10）清水章宏・橋本和正『軍都廣島――「廣島」と「ヒロシマ」を考える――』（一粒の麦社、二〇一一年）一三頁。
（11）福山駅開業125周年平成28年度企画展『ひろしま鉄道ヒストリア――蒸気機関車から新幹線まで――』（広島県立歴史博物館、二〇一六年）一〇頁。
（12）鳥海靖「明治期の鉄道問題　帝国議会の開設と鉄道問題――鉄道敷設法の成立を中心に――」（高階秀爾、芳賀徹、老川慶喜、高木博志編著『鉄道がつくった日本の近代』）三〇五頁。
（13）同右。
（14）同右、三〇六頁。
（15）同右。
（16）同右、三〇六―三〇七頁。
（17）同右、三〇七頁。
（18）同右。
（19）同右、三一三頁。
（20）長船友則『山陽鉄道物語』六五―六八頁。
（21）『大阪朝日新聞』（一八九四年六月十三日）。

(22) 広島県編刊『広島県史　近代Ⅰ』(一九八〇年)六二九頁。
(23)『大阪朝日新聞』(一八九四年六月十五日)。
(24) 長船友則『山陽鉄道物語』一一三頁。
(25)『大阪朝日新聞』(一八九六年一月二十三日)。
(26) 長船友則『山陽鉄道物語』一一三頁。
(27)『大阪朝日新聞』(一八九六年一月三十日)。
(28) 同右。
(29) 同右。
(30) 長船友則『山陽鉄道物語』一一四頁。
(31)『大阪朝日新聞』(一八九六年一月二十六日)。
(32) 広島市郷土資料館編刊『平成29年度特別展　宇品港――広島の海の玄関の物語――』(二〇一八年)七二頁。
(33) 同右。
(34) 同右。
(35) 長船友則『宇品線92年の軌跡』五頁。
(36) 同右。
(37) 同右。
(38) 広島市郷土資料館編刊『平成29年度特別展　宇品港』七二頁。
(39) 同右。
(40) 長船友則『宇品線92年の軌跡』六頁。
(41) 同右。
(42) 同右、六―七頁。
(43) 同右、七頁。

(44) 鐵道省編『日本鐵道史　中篇』(鳳文書館、一九二一年)三八一頁。
(45) 長船友則『宇品線92年の軌跡』七頁。
(46) 同右。
(47) 同右。
(48) 長船友則『山陽鉄道物語』二三七頁。
(49) 長船友則『宇品線92年の軌跡』七―八頁。
(50) 同右、八頁。
(51) 同右。
(52) 広島電鉄社史編纂委員会『広島電鉄開業100年・創立70年史』二七頁。
(53) 同右、二八頁。
(54) 同右、二八―二九頁。
(55) 同右、三四頁。
(56) 同右、三八頁。
(57) 同右、三九―四〇頁。
(58) 同右、四〇―四二頁。
(59) 同右、四二頁。
(60) 同右。
(61) 同右、四三頁。
(62) 同右、四八―四九頁。
(63) 同右、六一頁。
(64) 同右、四八頁。
(65) 広島県編刊『広島県史　近代Ⅰ』九八五頁。

(66) 広島市役所『廣島市街地図』(中国新聞社、一九八〇年)。引用したのは一九三〇年の地図である。
(67) 同右。
(68) 同右。
(69) 矢野文雄『芸備線　米寿の軌跡』(菁文社、二〇〇四年)三四頁。
(70) 広島県「広島県統計書」(昭和2年)〈https://www.pref.hiroshima.lg.jp/soshiki/21/toukeisyo3.html〉。
(71) 矢野文雄『芸備線　米寿の軌跡』三五頁。
(72) 長船友則『宇品線92年の軌跡』四一頁。
(73) 同右。
(74) 広島電鉄社史編纂委員会『広島電鉄開業100年・創立70年史』六四頁。
(75) 同右。
(76) 同右、四二九頁。
(77) 広島市郷土資料館編刊『平成29年度特別展　宇品港』八一頁。
(78) 国立公文書館デジタルアーカイブ「鉄道局官制ヲ定ム」(一九二〇年五月十五日)。
(79) 広島電鉄社史編纂委員会『広島電鉄開業100年・創立70年史』九九頁。
(80) 同右。
(81) 同右、二九頁。
(82) 同右。
(83) 同右。
(84) 長船友則『宇品線92年の軌跡』一四頁。
(85) 同右。
(86) 同右、一六頁。
(87) 広島電鉄社史編纂委員会『広島電鉄開業100年・創立70年史』一一〇頁。

第二章　軍都広島の近代水道

下道真結

はじめに

十八世紀後半イギリスで産業革命が始まった。これにより、人口の急増と都市への一極集中が起こり、生活用水の需要が増加した。一方で衛生環境の悪化により伝染病が流行した。近代水道はこうした問題に対処すべく一八〇八年にイギリスにおけるグラスゴー水道会社から始まり[1]、ヨーロッパで都市部を中心として徐々に普及していった。一八四七年に制定された「水道事業条項法(Waterworks Clauses Act)」では、常時給水・水量確保・適正水圧・汚染防止・消火栓設置の義務化、統一した水道料金制度の明確化など近代水道としての事業要件が制度化された[2]。このため、同法は近代的水道事業立法化の嚆矢といわれる。また、フランスではセーヌ県知事オスマン(Georges-Eugène Haussmann)により、都市の美化と景観及び衛生化のために一八五〇～六〇年代に大規模なパリ改造が行われ、建造物のスカイライン制限、道路網や上下水道などの整備がすすめられた。[3] こうした状況を背景に近代水道の役割には安定的な給水以外に、衛生保持や防火対策、財政の収益源、景観の美化などが追加されていった。

日本の近代水道の始まりは、明治二十年（一八八七）十月十七日イギリス人陸軍工兵中佐パーマー（Henry Spencer Palmer）の指導で完成した横浜水道であり、その後水道の敷設は函館や長崎などの開港場を中心に進められ、次いで大阪、東京などの主要都市に拡大されていった。[4] これは当時コレラや腸チフス、赤痢等の疫病が蔓延しており、その病原菌の入り口である港や人口の集中する地で衛生対策を行う必要があったためである。[5] 近代水道発祥の地であるイギリスと同様、衛生保持、安定的な配水等が主な水道の役割であった。

明治六年に第五師団が置かれて以降、「軍都」として兵士の出入りが急増した広島においても伝染病対策としての衛生保持のため、市長をはじめ一部市議会議員、第五師団関係者を中心に近代水道の敷設が求められていった。実際、第八回帝国議会にて「広島市水道布設に関するの件」[6] を提出し近代水道建設のための国庫補助金を求める建議案が可決されている。しかし、野村靖内相は、函館・神戸への補助金交付を優先するとして予算上この建議案は見送られることとなった。水道敷設のための国庫補助金はあくまで三府五港優先であったことが分かる。しかし明治三十一年、広島市には全国五番目の近代水道が敷設されることになった。

広島市における近代水道の整備過程に関する体系的な先行研究としては、『広島市水道70年史』[7]、

『広島市水道百年史』[8]、『広島市水道誌』[9]が通史的に述べている。それ以外には日本近代史の中で同市の水道について紹介した『近代水道の政治史』[10]や、公営水道事業を主として資金面から水道敷設の経営形態について同市水道をまとめた『近代日本公営水道成立史』[11]がある。ただ、これらの研究は『広島市水道70年史』・『広島市水道百年史』の内容について簡略的にまとめたにすぎず、例えば他の市町村の近代水道の建設との比較や同市水道を軍との関係において詳しく論及していない。しかし、同市における水道建設において軍との関係は不可分でありこれを明らかにすることは極めて重要であると考えられる。

以上の問題意識から本章では、広島市水道が実現するに至った経緯、その役割の変遷について検証することで、軍都広島と同市における近代水道の建設の歴史的意味を明らかにしたい。

第一節　日清戦争前後の水道創設

第一項　近代水道普及の背景

日本では開国以降多くの文物が外国からもたらされた。しかしこれには伝染病が流入したという負の側面もある。日本で最初にコレラが流行したのは西日本を中心に起こった文政五年（一八二二）のことである。しかしこの時の流行は西日本にとどまり江戸にまでは拡大せずに収束した。[12]『日本疾病史』[13]

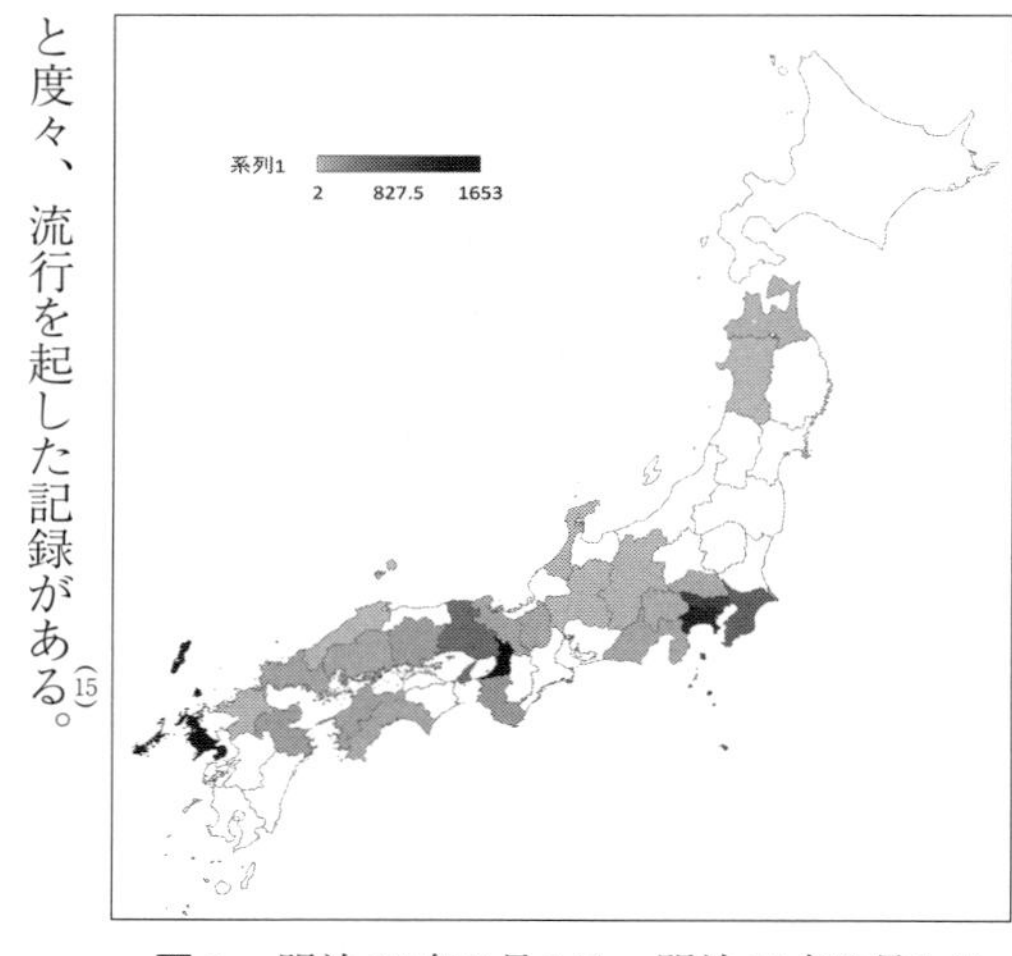

図1　明治10年7月1日～明治11年6月1日コレラ全国分布図
出典：内務省衛生局『衛生局報告．第3次年報』（内務省衛生局、1878年）「伝染病患者総計表　明治十年七月一日至明治十一年六月三十日」より作成。

に「八月中旬には長州に来り、それより山陽道を経て、同月下旬には既に大阪に進み、この地に於いてその勢いを猖獗を窮め、九月に至りて一層激しく、十月下旬に至りて漸く止み、京師にも波及したれども流行の勢いは大阪の如くならず、伊勢路にも入り、域は東海道を沼津辺に来りしかども、遂に箱根以東には及ばざりしなり[14]」とあり、その感染力の高さが窺える。その後も安政五年（一八五八）、文久二年（一八六二）と度々、流行を起した記録がある[15]。

明治期最初の流行は維新後の明治十年（一八七七）であり、以降も幾度となく大流行を繰り返した。初年であるこの年の流行は同年七月に清国の厦門（アモイ）領事から外務省へ、悪性のコレラが現地で蔓延しているとの報告があり、その二か月後の九月五日に横浜居留置で感染が確認された。その後に長崎でも感染が報告されておりコレラが横浜―長崎間と広い範囲に蔓延したことが窺える[16]（図1）。

その後明治十二・十九年も大流行し、表1を見ると両年の流行では患者、死亡者数ともに一〇万人を超え、感染した場合の死亡率も非常に高かったことが分かる。[17] 表2は明治十年のコレラ患者・死亡者数をまとめたものである。これを見ると長崎、神奈川、兵庫、大阪などの各開港場が大半を占めていることが分かる。[18] 人口が多く、人の往来が盛んな土地ではコレラの流行対策として飲料水の衛生管理の徹底が必要だったのである。

また、表3は全国の近代水道の給水が開始された年月日であるが、これを見ても港湾都市や大都市である大阪や東京を中心に近代水道の敷設が進められていたことが分かる。[19]

表1 明治前期におけるコレラ患者と死亡者

年次(明治)	西暦	患者数	死亡者数	死亡率(%)
11年	1878	902	275	30.5
12年	1879	162,637	105,786	65.0
13年	1880	1,570	589	37.5
14年	1881	9,328	6,197	66.4
15年	1882	51,631	33,784	65.4
16年	1883	969	434	44.8
17年	1884	900	415	46.1
18年	1885	13,772	9,310	67.6
19年	1886	155,923	108,405	69.5
20年	1887	1,228	654	53.3
21年	1888	811	460	56.7
22年	1889	751	431	57.4
合計		400,422	266,740	66.6

出典：『帝国統計年鑑』(東洋書林、1999年)第8の第241表、『同』(東洋書林、2000年)第12の第406表より作成。

表2 明治10年におけるコレラの流行

地域名		患者数	死亡数
長崎	港内	656	277
	港外	880	390
神奈川	港内	710	395
	港外	428	29
兵庫	港内	87	67
	港外	401	288
大阪	市内	1,130	832
	市外	506	407
東京	市内	693	459
	市外	19	155
熊本		1,698	984
鹿児島		1,081	557
その他の都道府県		3,362	2,081
合計		11,651	6,921

出典：市川智生「開港場横浜における感染症の歴史」(『郷土神奈川』第59号、2021年)「表1 アジア・コレラ流行1877年」より作成。

表３　全国近代水道給水開始上位 20

順位	都市名	給水開始日（明治）	順位	都市名	給水開始日（明治）
1	横浜市	20. 10. 17	11	秋田市	40. 10. 1
2	函館市	22. 9. 20	12	池田町	41. 4. 1
3	長崎市	24. 5. 16	13	岩見沢市	41. 10. 1
4	大阪市	28. 11. 13	14	横須賀市	41. 12. 25
5	東京都	31. 12. 1	15	東伊豆町	42. 11. 1
6	広島市	32. 1. 1	16	青森市	42. 12. 6
7	神戸市	33. 4. 1	17	熱海市	42. 12. 21
8	岡山市	38. 7. 23	18	堺市	43. 4. 1
9	下関市	39. 1. 1	19	新潟市	43. 10. 1
10	佐世保市	40. 6. 1	20	高崎市	43. 12. 1

出典：『堺市水道百年史』66 頁「近代水道給水開始日ベスト 20」より作者抜粋。

このころ政府はコレラをはじめとする水系伝染病頻発の根本原因は飲料水の不良であるとし、手始めに井戸水の清潔保持のための対策をこうじている。内達乙第18号「飲料水注意法[20]」を明治十一年五月に公布した。[21] 広島においても明治十二年の五回目のコレラ流行を受けて藤井勉造広島県令が日常の飲料水が悪疫流行と密接な関係があるとし区民に注意を呼び掛けた「予防的養生法[22]」を布達している。

しかしその後明治十九年に横浜市においてコレラが流行した。同市に流行したコレラは必死の防疫の甲斐もなく同年七月に東京府日本橋区浜町で感染が確認されそこから瞬く間に東京中へ広がった。府内一五区と郡部を合わせて患者一万二二七一名、死者九、八七九名を出す猛威を振るった。

こうした騒ぎの中、東京市の飲料水の水源である多摩川上流の神奈川県長淵村（現・青梅市）でコレラ患者の汚物を多摩川で洗濯したという「事件」が報道された。この川の水を取り入れている玉川上水は皇居にも入っていることもあり大変問題視された。のちに断絶している川筋であったことが判明し誤報だということが分かったのだが、この「事件」により改めて水道の在り方が問われることとなった。[23]

当時、水源地のある三多摩地区は行政区画的には神奈川県に属していたのだが、この「事件」によってコレラに対する対策がなされていないことが指摘され、明治二十五年に東京府知事は水道の水源林の保護や飲料水の安全確保、上水路の管理、伝染病の取り締まりなど水道運営の便宜上、三多摩地区の東京府編入を内務大臣に上申し、最終的に翌年四月に同区は東京府に編入されるに至った。[24]こうしたことも背景に、伝染病の発生・拡大予防のために最新の公衆衛生テクノロジーを備えた西洋式の近代水道の建設が強く求められるようになった。

一方で、近代水道の敷設に際しては事業形態を巡る見通しの甘さがあった。水道の事業形態には政府直轄型事業方式と民間事業方式、自治体方式があり、内務省衛生局は民間事業方式に固執した。これは政府の潜在意識として水道は民間の公益事業で対応できるという甘い予測があったためである。しかしこの予測は全くの間違いであり、各地で私営計画が立てられるがそのほとんどが失敗に終わっている。[25]

例えば長崎水道の場合、日下義雄長崎県知事が明治十九年に作成した建設計画案に基づき施設会社による水道事業を提案した。区長・商工会と連携し政府に事業貸付金二五万円を要望したが、拒否されたため、会社は資金二五万円を明治二十一年から毎年元利金一万六〇〇〇円ずつ償還し、五二年で完済する計画で資金公募を行った。しかしその後、同年の区会で水道事業への財政支援について反対があり民間方式での水道敷設を断念している。[26]

広島でも、民間方式の導入のために千田貞暁広島県知事の主導により明治二十一年十月に、一一人の発起人を集め、出資を仰ぎ水道会社の建設を目指した。工事費は二〇万円と予測され、県の斡旋による融資、第五師団司令部の支援、そして売水契約者からの払込によって調達できるものと計画されていた。実際に同月三十日には『芸備日日新聞』にて第一回目の広告を掲載している。しかし市民からの申込みは不振だった上、そもそも会社の発起人の顔ぶれが町総代や区会議員、前戸長、県会議員などで構成されており、市内の実業家や富豪が加わっていなかったため資金を集めることが困難であった。そのため時期を延期しているうちに明治二十三年に千田知事の転任が発令されてしまい、計画は頓挫した[27]。

当時、交通や電気・ガス事業など収益性の高い公益事業分野であれば民間事業方式でも実際にいくつかの成功事例を見ることができたのだが、水道はその限りではなく資金繰りに苦労した。政府は水道建設に重きを置いておらず、また民間だけで水道を建設するのは困難であったということである。政府直轄で事業が実現していたならば、水道の敷設も全国的に早期に実現し、ここまでのコレラの大流行を防げたであろう。

第二項　市水道敷設の要望と困難

前項では近代水道敷設の背景について伝染病の流行に言及したが、広島の近代水道敷設の背景には疫病の流行以外にも日清戦争に際して大本営が置かれたという特殊事情もある。

第一に同地における生活上の観点である。大本営設置に際し軍人が流入することによって、広島に滞在する人口が増加したため水の需要が高まり、水不足に陥った。表4は日清戦争中に広島及び宇品港を通過した各師団の発着年月日であるが、この表を見れば宇品港を多数の人が出入りしていることは、一目瞭然である。当時の記録によると広島市には、一師団平均二万七〇〇〇人として総計一三万五〇〇〇人の兵員が駐屯していた。

また、当時の人々は生活用水や飲料水に河川の水や井戸水、水売り人から買える水を用いていたのだが、その井戸もデルタ地帯の特性上海水が混じりやすく上質な水を大量に得ることは困難であった。その上、軍・官・民が最も恐れていた赤痢、腸チフスが、全市を襲い衛生を保つためにも汚染されていない水が必要になり、さらに水の需要が高まり深刻な水不足に陥った。

市内の民家は、宿所としてほとんどは数人ないし十数人の出征兵士が割り当てられており、平素以上に多くの用水を確保する必要があったうえ、純良な水を得るために郊外の水場へは、遠路を厭わず水くみの男女が殺到した。そのため、古くから絶えることのなかった井戸水がすっかり枯渇した例もあった[28]。

また、この状況を利用しようと水売りは、水料を明治十五、六年頃ならば一荷六～一銭五厘だったところ、コレラ流行によって河水の飲用が厳禁された明治十九年の頃には、一荷四銭と倍値以上に吊り上げた[29]。し

表4　日清戦争中　各師団広島発着年月日（明治）

師団名＼発着年月日	最初の部隊来着年月日	最後の部隊出発年月日	師団所在地
第三師団	27. 8.26	27. 9.13	名古屋市
第一師団	27. 9.24	27.10.24	東京市
第二師団	27.10.31	28. 2.12	仙台市
第四師団	28. 2.21	28. 4.26	大阪市
近衛師団	28. 3. 4	28. 4. 5	東京市

出典：『広島市水道百年史』より作成。

かも、旅館や商家はそれを争って買い付けたため、一般家庭の飲料水はますます窮乏した[30]。

第二に衛生上の観点である。前項で明治維新後の伝染病の流入について述べたが、それらは当然のように広島にも蔓延した。特にコレラが大流行した明治十九年六月六日に広島区は内務大臣から「虎列刺流行地」に指定された[31]。その後も明治二十三年にコレラが、二十六年・二十七年には赤痢・腸チフスが流行した。

特に日清戦争前後の明治二十六・二十七年の大流行は市内に出征兵士やその見送人が滞在し、出入りが激しくなったゆえと推測できる。赤痢患者が九九六名、死者三三三名、腸チフス患者は六六四名、死者二五六名にわたった[32]。この時はちょうど大本営の移駐が内達された時期でもあったため、県知事は軍兵に提供する飲料水について特に厳重に扱うように県下に通達した[33]。また市内で最も患者が多かった松川町、土手町（現・比治山町）、愛宕町、荒神町に大消毒を施し、明治二十六年八月二十七日までに重ねて愛宕町ほか一二カ町村の大消毒を行った。その甲斐あってか、翌年九月には赤痢、腸チフスは防疫活動が功を奏し収束し始めている。一方で、しかし二十八年にはコレラが再び流行をはじめた。これは二月十一日、戦地の大連から宇品港に帰還した第三師団の解雇人夫二名が十七日に発病し、一名は広島市外の己斐村で、他の一名は京都でともに同月十八日に死亡したのが発端である。広島市内では患者総数は一、五六七人（明治四十一年・広島市上水統計書では一、六三〇人）、死亡者総数は一、三〇二人にも達した。似島陸軍検疫所、舟入病院が急設されたのもこの年であった。

こうした状況下で水道創設を求める声は高まっていくこととなる。より清潔な水を水道で供給すれば、地域の公衆衛生の向上につながり、特に水系感染症であるコレラや腸チフス等の病原体の感染症対策として有効であることは明白である。表5は広島市水道敷設前後九年の伝染病患者・死者数の対照であるが、これを見れば明らかに、設置前後で感染症が減少していることが分かるだろう。当時の伝染病の流行を鑑みれば同地に水道を敷設させることは衛生上必要であることは言うまでもない。市にとっては度重なる伝染病の流行は近代水道の敷設を強く意識させる要因となったのではないだろうか。

第三に防災上の観点である。実は広島の水道を創設することになった一つの要因として火災がある。広島は水の都と謳われることが多い。そのため火災が発生してもすぐに河川の水を利用し消火活動ができることや、河川が防火帯そのものの役割を果たすことにより、そこまで燃え広がることはないと思われがちである。しかし近世・近代と河川を越えて延焼した数多の大火災が記録されている。[34]

特に水道創設の直接的原因になった明治二十七年十一月十二日の火災では、広島市旧城郭内後備歩兵第九連隊、第二大隊兵営より出火し、兵舎一棟、庖厨（炊事場）一棟、下土集会所一棟、小倉庫一棟、洗面所一棟を全焼し、縫工場一棟を半焼、下士以下三六人焼死、三一人が負傷するという被害を出した。また同月二十二日には今度は旧城郭内歩兵第一一連隊被服倉庫より出火し、延焼して動員倉庫二棟が灰燼に帰した。[35]

この明治二十七年の火災では明治天皇の行在所に近い城郭内での火災だったこと、短期間の内に複数個所も出火したこと、戦時中重要な兵営施設、設備、兵員を失ったということもあり、軍当局とし

表5　水道敷設前後伝染病患者・死亡者の対照

	年次(明治)	戸数	人口	給水栓数	8種伝染病ノ内					
					コレラ		赤痢		腸チフス	
					患者	死亡者	患者	死亡者	患者	死亡者
布設前	23	23,967	82,557	－	56	43	25	10	20	6
	24	22,883	82,804	－	18	15	55	22	43	19
	25	19,991	84,896	－	1	1	41	23	22	6
	26	25,119	82,868	－	2	2	992	335	43	17
	27	25,866	86,871	－	3	3	624	231	42	17
	28	26,682	88,123	－	1,630	1,302	154	45	126	38
	29	29,066	89,430	－	－	－	154	38	53	23
	30	28,551	91,692	－	5	4	87	32	39	18
	31	28,811	90,461	－	5	4	36	10	52	20
	平均	25,660	86,633	－	191	153	241	83	49	18
布設後	32	31,145	110,760	3,153	4	3	69	9	23	6
	33	31,939	113,880	3,912	13	3	104	72	25	8
	34	31,539	116,264	5,175	3	1	73	23	63	19
	35	34,526	117,760	6,072	173	126	56	17	33	11
	36	34,496	117,271	6,746	7	4	64	19	19	10
	37	40,808	136,012	7,789	2	1	109	35	102	42
	38	43,935	142,352	9,286	3	3	188	48	354	101
	39	42,163	140,448	10,295	－	－	77	12	167	51
	40	39,734	133,719	11,508	7	6	20	3	45	22
	平均	36,924	125,385	－	24	16	84	26	92	30

出典：『広島市水道百年史』52頁、表2-3より作成。

ても火災に神経質にならざるを得なかった。実際に山沢静吾留守第五師団長は、十一月三十日、各部隊に対し厳重な「誡火災訓諭」を出し、また、師団司令部も、火災時の大本営諸門取り締まりを定め、営内の戒を強化し、「衛戍服務規則」を追加するとともに夜警巡視の規則を定めるなどの処置をとった。これは当時の家屋の多くが板ぶき、そぎぶき、藁ぶき等であり大変燃えやすい建材で建てられていたことも一つの要因ではあるだろうが、今日では消防活動に欠かせない水道や消火栓が無い時代であったことも要因である。この頃の消火方法の主流といえば隣接する家屋を倒し延焼を止める破壊消防や江戸時代から使われている龍吐水によるものだった。しかし龍吐水では水圧が低く放水量も少なかったため燃え広がった火災に対して有効的ではなかった。

当時、呉軍港では既に明治二十三年に完成した軍用水道があり、鎮守府構内の防火に対して水道の効果が実証されていた。そのため、在広軍首脳部や政府高官、第五師団関係者の間では、宇品港出入艦船への給水とともに、軍施設の防火上、広島市にも水道施設が不可欠であることが認識されたのであった。ちなみに呉市に完成した水道は海軍専用であったため呉市がその分水を受けるようになったのは大正七年（一九一八）のことであった。そのため消火活動を河水に頼るほかなかった呉市では、出火が干潮時と重なると大火に見舞われることが多々あった。

ここまで広島に近代水道の敷設が求められた理由について考察した。それはすなわち、都市膨張による水量不足、コレラやチフス赤痢の疫病に対応するための清潔な水の需要増、火災対策における近代水道整備の重要性の自覚など軍、市民、政府から様々な視点での水道敷設の要求である。

明治二十三年十二月に第五師団長子爵野津道貫が広島県知事に水道の敷設を要望した「水道布設要望趣旨書[36]」を提出した。また、翌年七月十六日にも市議会に師団参謀長の名を以て「明治二十六年度予算に水道設置の関係費を計上したいので広島市に布設の意図があれば、軍・市協力して水道設置の方法や費用問題を検討してはどうか[37]」と申し入れている。こうした要望があったため、明治二十五年十一月の市会で広島用水会社の設立の呼びかけ人で市会議員の岡謙蔵ほか八名の議員が「本市に飲料水道を布設し其費金は市の公債を以て之に充当する可否の件[38]」を提案した。しかしこれに対し、「飲料水改良は美挙なれども目下市経済の困弊なる事実を挙げ其費用負担に耐へざるを以て時機到らざるものとし[39]」と反対意見が出された。岡は敷設費を市公費から充てるべきだと陳述したが、他議員から目下の市経済を見るに困難であるとし、やはり時期尚早論は強く、調査委員設置案とともに賛成少数でどちらとも否決された。[40]

このことから当時広島には、水道の建設資金を用意するだけの財源がなかったこと、一部の市会議員は水道建設に積極的であったが、多数の議員にとって水道の優先度は他事業と比べ低かったことが窺える。

第二節　軍用水道と市水道接続の過程

第一項　軍の衛生対策上の水道への意識

第一節第二項で水道敷設の要望が出されたことはすでに述べたがその内容は以下のとおりである。[41]

水道布設要望趣旨書

飲用水の良否は、実に衛生上に関係を及ぼす重大なるは、今更喋々(ちょうちょう)を要せざる儀に候処、当広島市の如きは、元来河口岐裂して全市を三分し、幾多の小溝(こみぞ)と相通(そうつう)し、満潮の際は逆溢(あぶ)し、殊に夏季炎蒸之際は、溝中の汚泥疏通の途なく徒らに渋滞沸騰し、路傍通過の人々は鼻を掩て其臭気を避くるものの如く、此悪水は自然井水に浸滲し、為めに悪疫の媒介をなす少々ならざるも、僅かに其時期を経過すれば、復衛生を論するもの稀なり。

所謂過喉忘熱の諺に背かず、頗る姑息の処置のみに止まり深く痛嘆に不堪候、就ては我師団兵営も亦其害を蒙るなき能はず、故に当市に適当なる沪過沈澱法を付帯したる水道の引致を設置し、以て善良水を供給し、免害を謀るは一挙両得と存候。

然れども、特に当市に於て、同意を表せざるときは、当師団折角の計画も全く水泡に属し候。且本事業の広大なる一部の力の能く支ゆべきに非ず、因て今般御県と共同設置の議を、其筋へ具申致度の処、敢て御異存は無之哉。

別紙当軍医長等の意見書写を、御参考の為め及御回送候間、至急何分の御意見承知致度此段及御照介候也。

明治二十三年十二月二十七日

第五師団長　子爵　野津道貫

広島県県知事　鍋島幹殿

右記の趣旨書には、「故に当市に適当なる沪過沈澱法を付帯したる水道の引致を設置し、以て善良水を供給し、免害を謀るは一挙両得と存候。特に当市に於て、同意を表せざるときは、当師団折角の計画も全く水泡に属し候」とあり、軍が広島市の同意が重要であると考えていた。

なお、趣旨書の最後にある「別紙」とは師団軍医長長瀬時衡が作成した「兵営内水道設計の必要なる衛生的本理に関する意見上申[42]」であり、ここから師団が県市に先駆けて飲料水の検査、特に水質の定期試験を実施して軍隊衛生に留意していたことが分かる。

また軍が衛生対策に敏感にならざるを得なかった出来事が明治二十八年にあった。同年一月、参謀総長有栖川宮熾仁親王が広島で感染した腸チフスによって、療養先の兵庫県舞子御用邸で薨去した。事態を重く見た軍はまず、帰還兵の感染の有無を検査する検疫所の設置（似島検疫所）を行っている。このような状況から軍がさらなる衛生対策として広島市の水道の敷設に乗り出したのである。

第二項　広島市水道の建設計画

水道敷設に向けた大きな動きがあったのは明治二十七年頃のことである。同年四月六日、本市市議会において初めて「水道仮設計費」として一、〇三〇円が同年度追加予算に計上された。その際「予備後備兵出役留守居の赤貧者を救恤するの件」が提出され財源として流用されそうになったが、水道設計費は存置する意見が多数であったことや、幸運にもすでに技師と折衝がなされていたため可決されることになったのである。

W・K・バルトン（William K. Burton、東京工科大学教授）によって同年八月に本格的調査が着工されその概要が市議会議事録に記録されている。この調査でかつて広島県土木部が行った測量・設計には「大欠陥」があり、新しい設計の材料にもならないとのことで、バルトンはいくつかの資料を要求し帰郷した[43]。

翌明治二十八年には本施策に関する議論が始まった。同年三月八日夜、市議会において水道敷設を国費で行うことを請願する建議が上程され、翌九日には「水道布設委員」及び「水道布設上京委員」の選出などの諸件が可決された。

また、「水道布設委員」一一人の中から五人の「水道布設関係上京請願委員」が互選され、更に十二日にも市議会を開いて審議を行いその日のうちに上京し帝国議会に対して以下のような陳情意見書を提出した。

「広島市水道布設に関するの件」(大意)

広島市は東に山陽鉄道を控え、京阪地方と交通、日に日に頻繁になり、西南に宇品の要港がある。北には将に雲石鉄道が通る予定である。そして戸数二万五〇〇〇戸、人口一〇万実に大阪以西の大市なり。殊に第五師団あり、呉に軍港あり、人馬の集散を計算すれば常に数十万を抱えている。

然るに人の生活に必要になる飲用水に至っては、汚濁は言うまでもない。市内数千の井戸水、一も飲料に適せず、市民の大半は古来河水を用いているが、沿岸の地の如き汚濁は甚しきものあり。もしひとたび悪疫が発生したならば、その蔓延の劇甚になる事を知らなければならない。今や大纛(たいとう・天皇の御旗)をこの地に移され出師の要地であるだけでなく、将来国内外に事変がある時には、要衝の地となることは必定そうであるなら、飲料水が汚染されて衛生に害があるということはこれをおろそかにしてはならない。

この害毒を除かんとするなら良質の水道を敷設する他ない。その費用を概算すると六〇万円が必要であり、市民だけの力だけではできるものではないので、広島市会は止むを得ず水道布設費国庫補助を仰ぐことを決した、なのでこれを採納していただきたい。[44]

ここで市は水道建設費を六〇万円と見積もっており、市単独では水道の敷設は到底実現不可能として国庫補助を要求している。[45] 明治二十八年三月二十二日、衆議院本会議において「広島市に水道を布設するは、目下我国の急務に属す。仍て政府は該水道補助費予算の提出あらんことを望む」を首文とする、「広島市水道補助費予算に関する建議案」が、末広重恭他一二人から提出され賛成多数で可決され翌二十三日には貴族院でも可決された。[46]

明治二十八年三月二十三日の『東京日日新聞』には「広島市の水道布設は、軍国の大計の為に急設の必要なる数を論じてより、世人漸く広島市の給水工事は、目下の急務なることを主張するに至り、広島市水道補助費に関する建議案は、衆議院に提出せられて、昨日(三月二十二日)満場一致を以って可決せられたり。(中略)同市において水道布設の急務なるは、世論すでに定まれり、吾雪(われら)は一日も早く其の方法を尽くして以て、将来の大害を未だ甚だしからざるに防がんことを希望に堪へず」と論評している。[47]

これを受けバルトンの設計による事業を実行に移すにあたり様々な議論がなされた。バルトンの設計では、当時の広島市の人口八万四七一二人に兵士六、〇〇〇人を加え、これに将来の人口増加率三割三分を仮定して一二万人と想定したものであった。これを基に一日の最大供給量は六〇万立方フィートとなり、それに対応した施設が要求され、かなり大規模事業であることが分かる。明治二十八年六月二十九日に遂に水道敷設費を明示し、政府に補助を求める敷設案が市会を通過した[48]。

第十六号議案　水道布設の件

本市に水道を布設し該工費予算金九拾五万円の内金参拾弐万円を本市負担とし残額六拾参万円を政府に補助を請願せんとす

明治二十八年六月二十六日提出　広島市長　伴　資健

翌七月二日には第二十一号議案が決定し、すべての水道敷設に関する関連議案が決定した。その後、同月五日直ちに陳情書を携えて県知事、市長、市会議員らが上京した。この際に鍋島幹県知事は「広島市の水道敷設は、ただ市民が幸福を受けるばかりでなく、日清戦争下の実情からすれば、実に国家の将来に重大な関係を有するものであるから、よろしく国家的事業として、全額国費をもって布設されたい。もしこれが許可されない場合は、広島市が申請する工費総額九十五万円の三分の二を国庫より補助せらるよう切望する[49]」という副申を付けている。しかしこの申請は神戸・函館水道への補助金交付の優先のために受け入れられなかった(却下されたのは十月二十六日)。

その後、同年十月八日に「大蔵大臣の閣議請議書[50]」が提出されている。

大蔵大臣の閣議請議書

曩時(のうじ)及申告得御同意候広島市及宇品港に水道を布設するの費用として、金六四万円臨時支出の儀、別紙の通り陸軍大臣より請求有之、本大臣表同意候条、速に経勅裁、前記金額軍資金より支出相成度、茲に之を閣議に提出す。

大蔵大臣　子爵　渡辺　国武

内閣総理大臣　侯爵　伊藤　博文　殿

追て別紙は勅裁済御返却有之度候

本件閣議書類には十月八日起案、十日に上奏裁可の旨が記入してあるが、閣議決定の時日は九日、十日両日いずれかはっきりしていない。同月十三日に伴市長は鍋島県知事から、同月十日勅裁が下付され、官費による敷設が決定的となったことを非公式に通告された。

同月十八日の市議会ではこの通告をもとに、

一、本市に官設水道布設の挙ありと聞く、果して事実なる場合には、本市に必要なる個所の水道は官設に接続して布設方及本市水道布設費額を予算金三二万円とし、其工事は官に委託する事を請願す

二、前項の施行及ひ之を完成するに付ての総ての条件は市参事会に於て専決実行す

三、水道に関する従前の議決にして以上の議決に抵触するものは総て廃止す

との議案を上程審議したのち、翌十九日上記議案が議決した[51]。同月二十六日内務大臣に右記議案の請願手続きを取ろうとしている時、七月五日付申請の布設願が却下された。その後、翌十一月九日に広島軍水道に関する勅令第一五七号が公布され、同月二十二日軍用水道に接続する市民用水道布設を陸

軍大臣及び内務大臣に申請した。

同月二十三、二十四日に軍用水道敷設についての以下のような公文が県市間で交換されている。[52]

軍用水道の委託管理

広島宇品軍用水道へ、広島市民給水用水道接続布設の義出願候処、右許可の上は、後日に至り若し軍用水道の維持保存をも命ぜらるる事ある時、市は如何にすべきや意見を予め申出置かれ度此段相達候也

明治二十八年十一月二十三日

広島県知事　男爵　鍋島　幹

広島市長　伴　資健　殿

軍用水道の義に付答申

広島宇品軍用水道維持保存の義に付、今般御諮問の趣了承、市民給水用水道を軍用水道へ接続布設の義御許可の上は、軍用水道維持保存の義は、官の都合に依り、本市に於て将来永久引受可申候、此段答申候也

明治二十八年十一月二十四日

広島市参事会　広島市長　伴　資健

広島県知事　男爵　鍋島　幹　殿

この公文によれば軍用水道はすでに本市へ委託管理の方針が予定されていたことが分かる。

翌明治二十九年二月三日、陸軍大臣から接続水道敷設の許可を受け、同年五月一日に内務大臣から敷設工事施行の認可を受け、市水道は軍用水道布設部長監督のもとに、同日に着工している。[53] なお「広島軍用水道計画説明書」[54] は「広島市水道布設計画」[55] とは築造物の配置の変更以外はほぼ相違なく、同市の計画案を踏襲していることが分かる。

第三項　広島市水道の特徴

都市水道と比較すると軍用水道は先行して発達している（表6・表7・表8）。前項で述べた通り軍は水道の有用性を認識しており全体的にもそうであったことが言える。そのため陸軍は臨時軍事費から補塡し、自らが主導権を握って広島に上水を整備することとなったのである。しかしこれには、水道条例の規定という壁があった。水道条例では、水道事業は市町村の管轄とし、市町村がその実施責任と費用を負担しなければならないと定められており、市町村にあたらない軍が水道行政に携わることは、この規定へ抵触する可能性があった。しかしこの難題は、勅令によって解消され水道条例の趣旨を尊重しつつその規定に違反することなく、水道敷設の許可を取り付けられた。また、軍は人事の面からも広島水道敷設を重視していたことがよく分かる。広島水道敷設工事の責任者に任命されたのは、当時陸軍参謀の座にあった児玉源太郎であった。彼は戦時中、しばしば広島市に来訪して市内や宇品の実情を視察し、ことに似島の陸軍検疫所の運営にあたっては、陸軍検疫部長として、宇品からの給

表６　海軍関係の軍用水道完成日

名称	年次
横須賀軍港水道	明治 8年12月
佐世保軍用水道	22年12月
呉軍港水道	23年 3月
舞鶴軍港水道	34年10月
鎮海軍用水道	44年 4月

出典:『広島市水道百年史』より作成。

表７　陸軍関係の軍用水道完成日

名称	年次
広島軍用水道	明治31年8月
京都軍用水道	42年8月
札幌軍用水道	43年
旭川軍用水道	明治 2年3月
金澤軍用水道	4年1月

出典: 同右。

水、すなわち同市の水道施設の必要性を身をもって経験していた。[56]そのため彼ほどの適任はいなかったのである。

また広島軍用水道は、当初から軍用水道と市水道が接続されることを想定して建設されている点も特徴的である。各地の軍用水道であるが、広島軍用水道以外は、いずれも住民とは関係なく軍が独自に計画し建設している。完成後に余水分与をすることはあるが、民間への給水を前提としているところは広島軍用水道だけである。

例えば、横須賀では横須賀造船所（横須賀海軍工廠の前身）の用水を用いるため、明治七年（一八七四）五月に三浦郡走水村内大津陣屋の米つき場水車用の湧水を水源として軍用水道計画を作成し、同九年に走水〜横須賀造船所間の導水管敷設工事が完成した。市がその恩恵を得るのはその三〇年後、明治三十九年で横須賀町が海軍から八インチ鋳鉄管を譲り受けている。同年十二月に水道敷設の認可を受け、明治四十一年六月に覚栄寺（走水）裏山に貯水池を完成させ同年十二月二十五日に若松町、大滝町、小川町に市営水道による給水を開始している。この時の使用者は一、七八〇人であった。また、大正八年（一九二一）には海軍水道走水系統（一〇インチ管）全施設を借り受けている。[57]

佐世保市では明治二十二年（一八八九）に佐世保鎮守府が開庁されると同時

表8　全国の年次別上水道敷設状況表

年次		年間増加数				累計		
明治	西暦	全国総人口	事業者数	計画給水人口	計画1日最大給水数(㎥)	事業者数	計画給水人口	計画1日最大給水数(㎥)
20	1887	38,703,000	1	70,000	5,720	1	70,000	5,720
21	1888	39,029,000	-	-	-	1	70,000	5,720
22	1889	39,473,000	2	120,000	11,640	3	190,000	17,360
23	1890	39,902,000	1	3,250	234	4	193,250	17,594
24	1891	40,251,000	-	-	-	4	193,250	17,594
25	1892	40,508,000	-	-	-	4	193,250	17,594
26	1893	40,860,000	-	-	-	4	193,250	17,594
27	1894	41,142,000	-	-	-	4	193,250	17,594
28	1895	41,557,000	1	610,000	51,240	5	803,250	68,834
29	1896	41,992,000	1	94,100	7,166	6	897,350	76,000
30	1897	42,400,000	-	-	-	6	897,350	76,000
31	1898	42,886,000	1	120,000	12,742	7	1,017,350	88,742
32	1899	43,404,000	-	-	-	7	1,017,350	88,742
33	1900	43,847,000	-	-	-	7	1,017,350	88,742
34	1901	44,359,000	-	230,000	16,360	7	1,247,350	105,102
35	1902	44,964,000	-	-	-	7	1,247,350	105,102
36	1903	45,546,000	-	122,000	15,236	7	1,369,350	120,338
37	1904	46,135,000	-	-	-	7	1,369,350	120,338
38	1905	46,620,000	2	330,000	39,050	9	1,699,350	159,388
39	1906	47,038,000	1	60,000	5,010	10	1,759,350	164,398
40	1907	47,416,000	-	-	-	10	1,759,350	164,398
41	1908	47,965,000	3	127,200	11,608	13	1,886,550	174,006
42	1909	48,554,000	3	61,772	6,139	16	1,948,322	182,145
43	1910	49,184,000	4	183,000	19,080	20	2,131,322	202,225
44	1911	49,852,000	3	2,045,000	242,870	23	4,176,322	444,095
大正								
元	1912	50,577,000	7	786,000	100,514	30	4,962,322	544,609
2	1913	51,305,000	3	75,500	8,836	33	5,037,822	553,445
3	1914	52,039,000	2	1,580,000	247,150	35	6,617,822	800,595
4	1915	52,752,000	3	574,000	73,100	38	7,191,822	873,695
5	1916	53,496,000	5	219,000	22,590	43	7,410,822	896,285
6	1917	54,134,000		-	-	43	7,410,822	896,285
7	1918	54,739,000	3	700,000	127,300	46	8,110,822	1,073,585
8	1919	55,033,000	3	1,570,000	169,050	49	9,680,822	1,192,635

9	1920	55,391,000	2	78,000	9,090	51	9,758,822	1,201,725
10	1921	5,612,000	4	335,000	74,070	55	10,093,822	1,275,795
11	1922	5,684,000	8	378,000	54,263	63	10,471,822	1,330,058
12	1923	57,580,000	16	454,100	58,544	79	10,925,922	1,388,602
13	1924	58,350,000	12	688,310	113,341	91	11,614,232	1,501,943
14	1925	59,179,000	15	641,700	83,569	106	12,255,932	1,585,512
昭和								
元	1926	60,210,000	16	526,800	211,936	122	12,782,732	1,797,488
2	1927	61,140,000	17	627,900	122,307	139	13,410,632	1,919,755
3	1928	62,070,000	18	316,149	49,190	157	13,726,781	1,968,945
4	1929	62,930,000	18	498,000	75,929	175	14,224,781	2,044,874
5	1930	63,782,000	23	751,274	335,258	198	14,976,055	2,380,132
6	1931	64,870,000	16	1,366,300	249,108	214	16,342,355	2,629,240

出典：日本水道史編纂委員会編『日本水道史　総論編』（日本水道協会、1967年）表16、1.23より作成。

に湧水を利用した佐世保軍用水道が建設されていった。[58]そこから一四年後の明治三十六年に同市が軍から余水分与を受け、同市の直轄事業として一斗缶を大八車で運び、有償で水の配給を行ったのが佐世保市水道の始まりだった。その後、明治四十年（一九〇七）に水道管による給水を開始している。[59]

広島市の隣、呉市では明治十九年に呉鎮守府が開庁されることが決定し、海軍により「呉鎮守府水道」が建設され、明治二十三年四月に軍用水道として給水が開始されている。その二八年後、大正七年二月軍用水道の施設として建設されていた本庄水源地から分水を受け呉市が建設した平原浄水場で浄水処理し、大正七年四月からようやく市民給水が開始されている。[60]

舞鶴市では明治三十一年に旧海軍第四区鎮守府が設置されるとともに軍用水道が建設され、明治三十四年十月に完成した。一方、舞鶴・東舞鶴両市もそれぞれ独自の施設整備を行い市民へ給水しようとしたが、軍の買収や資材難等で敷設は難航し、戦局も激しくなったため計画が中止されることとなった。ようやく市民への給水が行われたのは昭和二十年（一九四五）八月の終戦の後軍が使用してきた水道施設を同市が管理運営することになった後であった[61]。

旭川市では明治四十二年に旧陸軍第七師団内でチフスが発生したことで、上水道敷設の気運が高まり大正二年に軍用水道が完成している。その後昭和二十三年に、この軍用水道が旭川市に移管され市民給水が開始された[62]。

札幌市豊平区には、月寒水道、定山渓水道、羊ヶ丘水道、真駒内水道、平岸水道があったのだが[63]、そのうち、月寒水道は、明治四十一年六月旧陸軍第七師団歩兵第二五連隊の軍用水道として工事が着工され、明治四十二年九月に完成した。その後、昭和二十四年に旧豊平町が北海道財務局から無償貸与を受け経営、昭和三十六年五月に豊平町との合併に伴い札幌市が経営を担い、翌昭和三十七年八月に全施設を札幌市が北海道財務局から無償譲渡（用地は貸与）を受けている[64]。

広島市で明治二十八年十二月に着任した高田善一「臨時広島軍用水道布設部」副部長の談話では、「全国に於いて、軍用水道を布設するのは今回の広島軍用水道をはじめとする。海軍においては、是までですでに給水法を施設したるものなきに非ざれども、凡そ広島軍用水道の如き企画は、此度を以って最初とする。さきに広島市が稟議した国庫補助金三分の二を得て、水道を布設せんとしたが、之を却下して、直ちに軍が直営を以て、広島及び宇品に、この軍用水道布設の急施を定めたのは、全く軍事的緊要事なりとの視点において決定せるなり。此の目的を更に完全ならしめんが為め、軍兵駐留の広島市内にも水道を接続布設することも亦、決定認可されたるものである」[65]とあり、広島の軍用水道の建設に臨時軍事費があてられたように軍が広島水道敷設を重要視していたことや、建設に際して全市民を給水対象としていたことが分かる。広島市の水道誕生には軍が大きく関っており、全国の軍用水道を見ても類を見ないだろう。

その後、明治三十一年八月二十四日に陸軍大臣が同市に対して軍用水道貸下げについての請書の提出を求めている。同日広島市は水道事務所として「布設部広島出張所」無料貸下げを受け、同月二十九日勅令第一九九号によって「布設部」官制が廃止されるとともに「布設本部」並びに、同部広島出張所は閉鎖された。同年十一月一日に「広島軍用水道」から「広島市水道」に名称が代わり、明治三十二年一月一日ついに陸軍諸部隊ならびに全市に給水が開始した。

また第一節第二項でも述べたが水道の敷設によりコレラ等の伝染病の被害は水道敷設前後で明らかに違っており、市の衛生行政に大いに貢献したことは言うまでもない。

おわりに

明治六年に第五師団が置かれた「軍都広島」では、人々の出入りが盛んになるとともに人口が急激に増加したことで、水不足や伝染病の流行が起こった。これにより、同市の防火対策、衛生対策の脆弱さが露呈したため、水道敷設が急務となった。しかし広島市単独では資金集めに苦労し軍用水道と

表9　年別使用水量と給水料

年度（明治）	合計		内陸軍	
	使用水量	給水料	使用水量	給水料
31年	178,204	3,990,377	30,784	170,649
32	966,627	23,565,839	242,016	1,341,615
33	1,384,610	28,024,356	296,072	1,641,280
34	1,915,573	384,692,505	283,305	1,570,506
35	2,015,426	44,293,309	279,617	1,550,060
36	2,117,533	56,129,891	255,206	1,414,740
37	3,146,068	74,083,675	875,861	4,855,356
38	4,200,152	84,861,484	1,165,535	6,461,163
39	4,213,177	86,989,954	736,259	4,081,471
40	3,974,619	87,185,755	469,716	2,603,880
41	3,692,605	95,323,150	294,450	1,632,290
42	4,014,800	100,568,435	409,934	2,272,480
43	4,387,135	105,833,029	359,404	2,729,800
44	4,490,387	108,363,756	303,089	2,520,270

出典：『広島市水道70年史』266頁、表4-3より作成。

接続することで同地に広島市水道を敷設することを実現した。三府五港優先であった水道敷設に対する国庫補助金を得ることができたのは同地に大本営が置かれた日清戦争下であって、陸軍の協力を得ることができたことが大きい。

広島市水道は、明治三十一年八月二十五日午前九時三十分に軍用水道工事の竣工式を兼ねた通水式が盛大に挙行され、ついに完成を見た[66]。しかし、当初は市に水道事業の経営の経験がなく収入が目算に達せず、給水加入者も予定数に満たないなど早くも経営は苦境に立たされた。ようやく事業が軌道に乗ったのは明治三十七・三十八年のことである[67]（表9）。それは日露戦時下の都市の発展に伴い悪疫が流行し、三十八年に県令七二号によって市内で水道水以外の水の使用を禁じたことや、告示三甲第六四号を公告して全市の井戸を封鎖したためであった。これにより市民は物理的に水道水を利用せざるを得なくなったため水道の契約数は三十六年で給水戸数一万七三八五戸だったものが三十七年には二万九四七戸、三十八年は二万四六二九戸と順調に数を増やすこととなった。[68]

日露戦争で同市は数万の陸軍将兵と軍馬の集結地と兵站基地になったため、当初予定された給水量を大きく上回る給水が行われた。広島市水道創設時の給水能力は人口十二万人に対し、一人一日平均給水量七十・八リットル、一人一日最大給水量百六・二リットルを予定していたのに対し、明治三十八年の実績では、一日平均給水量一万三〇七七キロリットル、一日最大給水量一万九三三一キロリットルを記録していた。[69] そのため水量の需要に対する供給を満たすための第一期拡張工事が明治四十年三月に着工され翌四十一年三月に完了した。これにより、人口十六万人に対し、一人一日平均給水量七十・八リットルと一人一日最大給水量百六・二リットルの給水が可能になった。

その後も同市は目覚ましい発展を遂げ、水の需要は益々高まり、水源地取水場前における太田川の水位が著しく低下し給水不足が生じていった。[70] 大正六年には人口は一六万人を超えようとしており、その後もさらに増加することが見込まれた。そのため、再び同施設の給水能力を超える予測があった。また軍用船舶の船腹の増大や官営工場の増設に対応するためにも給水能力を飛躍させる必要があり、第二期拡張工事が大正八年十月に着工され大正十三年六月に完了した。

昭和四年四月には隣接七カ町村（安芸郡牛田村、矢賀村、仁保村、三篠町、佐伯郡甲斐町、吉田村、草津町）の編入合併に伴い総人口が二六万にも達した。合併地区では井戸水や河川の水を生活用水や飲料水に利用していた。合併に伴い河川の水の利用が禁止されたため井戸水が枯渇しがちであった。更に、同市は将来、商業・工業都市として躍進し、一〇年後には人口三六万人になることが推定されたため給水設備の拡張強化のため第三期拡張工事が行われた[71]。

その後昭和十二年七月七日に起きた「支那事変」以降、軍需生産拡大につれて各種工場の創設・拡張、船舶並びに特務給水等の水需要の増大が予想され、特に広島工業港の完成後は、工場用水、船舶用水の増大が顕著であり、このため昭和十六年から二十二年の七カ年継続事業とする第四期拡張工事が行われた。

しかしこの工事の最中、昭和二十年八月六日に原爆投下という忌まわしい日を迎えることとなる。取水場は爆心地から約五キロメートルの地点にあったため被害は軽微であったが、送電線路、取水ポンプ室等は相当の被害を受けた。爆心地から二キロメートル上流にあった牛田浄水場ではポンプ室、内燃機関室、量水施設、塩素滅菌装置、倉庫等に被害があり構内の木造建築物（浄水場事務所）は倒壊した。壊滅的被害を受けたのは配水施設、給水装置で家屋の燃焼とともにその全部が破損し八万一〇〇〇戸の給水装置は一瞬にして一、〇〇〇戸に減少した。しかし市民生活の保険、衛生、防火のために取水応急補修を短時日のうちに完了させ、その後戦後復旧工事の後、未完成所工事の整理、補修を行い、昭和三十年に完了させた。

この時の話として、紙芝居の『命の水～ひろしま水道物語～』[72]が有名である。これは、原爆投下時にやけどを負いながらもポンプを動かし水を送り続けた水道職員の一人である堀野九朗の努力についての実話をもとにしている。この紙芝居は広島市と坂、府中両町内の全小学校に計一六〇部を寄贈されており、動画は、市水道局ホームページでも見ることができ、平和学習の教材として利用されている。

戦後、昭和三十六年から第五期拡張工事が行われた。これは、人口の著しい増加、地価の高騰に伴う市街地建物の高層化と周辺部農地の宅地化、水洗便所や電化製品の普及、各種車両の激増等の生活様式の変化に伴い、水道施設の拡充強化が必要になったためである。昭和四十五年からの第六期拡張工事は、さらなる市中心部の建物の高層化、市西部の開発事業による海面の埋めたてやそれに伴う都市再開発事業等により給水量の増加に対応したものだった。

広島市水道は、創設当時こそ大口使用者は陸軍であり軍用水道としての色彩が強かったが、経営を市が担い、水質を管理することで、同市の公衆衛生の向上に大きく寄与することとなった。原爆の惨禍の中でも一回も断水することなく、安定的な水の供給を行うことで、市民の欠かせないライフラインの一部として現在も人々の生活を支え続けている。

現存する初期の水道施設としては大正十三年に建造された牛田配水池への送水ポンプ室が水道資料館に、明治三十一年に建造された量水室は別館として利用されている他、大正十三年の拡張工事で設置された旧濾過調整池と上屋がそれぞれ残されており当時のままの姿を見ることができる。

註

（1）宇都宮市上下水道局『宇都宮市水道百周年　下水道五十周年史』（宇都宮市水道局、二〇一七年）一二頁。
（2）同右。
（3）同右。

（4）同右、一三頁。
（5）同右。
（6）「第八回帝国議会　貴族院議事速記録」第四一号　明治二十八年三月二十三日。
（7）広島市水道局編『広島市水道70年史』（広島市水道局、一九七二年）。
（8）広島市水道局編『広島市水道百年史』（広島市水道局、一九九八年）。
（9）広島市『広島市水道誌』（広島市役所、一九三一年）。
（10）松本洋幸『近代水道の政治史――明治初期から戦後復興期まで――』（吉田書店、二〇二〇年）。
（11）高寄昇三『近代日本公営水道成立史』（日本経済評論社、二〇〇三年）。
（12）野村裕江「江戸時代後期における京・江戸間のコレラ病の伝播」（『地理学報告』第79号、一九九四年）四頁。
（13）富士川遊著、松田道雄解説『日本疾病史』（平凡社、一九六九年）二二〇頁。
（14）同右。
（15）野村裕江「江戸時代後期における京・江戸間のコレラ病の伝播」二頁。
（16）市川智生「開港場横浜における感染症の歴史――一八七七のアジア・コレラ流行の事例から――」（『郷土神奈川』第59号、二〇二一年）四頁。
（17）王芮・高島正憲・高橋美由紀「明治前期日本におけるコレラ流行の数量的分析」（『立正大学経済学季報』第72巻第4号、二〇二三年）五九頁、『帝国統計年鑑』は初期においてその名称が一致していないが本章では『帝国統計年鑑』の呼称に統一している。
（18）市川智生「開港場横浜における感染症の歴史」。
（19）堺市上下水道局『堺市水道百年史』（堺市上下水道局、二〇一一年）六六頁。
（20）「飲料水注意法」（全10カ条）内務省明治11年五月内達乙第一八号。
（21）日本水道史編纂委員会編『日本水道史』（日本水道協会、一九六七年）一三七頁。
（22）広島市水道局編『広島市水道70年史』五七、五八頁。

(23) 東京都『水道問題と三多摩編入』(東京都、一九六六年)五一頁。
(24) 小坂克信『用水を地域資源として活用するための水利用の歴史――砂川用水を例にして――』(東急財団、二〇二〇年)五五頁。
(25) 高寄昇三『近代日本公営水道成立史』。
(26) 同右、八頁。
(27) 同右。
(28) 広島市水道局編『広島市水道百年史』四六頁。
(29) 広島市水道局編『広島市水道70年史』四八頁。
(30) 同右。
(31) 同右、六一頁。
(32) 同右、六三頁。
(33) 同右、六四頁。
(34) 広島県消防史編纂委員会編『広島県消防史』(広島県消防協会、一九八七年)四二一頁。
(35) 同右、一三三頁の年表より抜粋。
(36) 広島市水道局編『広島市水道70年史』一一三頁。
(37) 同右。
(38) 『広島市議会史　議事資料編Ⅰ』(広島市議会、一九九〇年)六四頁。
(39) 同右。
(40) 広島市水道局編『広島市水道70年史』一一四頁。
(41) 広島市水道局編『広島市水道百年史』六九頁。
(42) 広島市水道局編『広島市水道70年史』一一五頁。
(43) 広島市議会『広島市議会史　総論・明治編』(広島市議会、一九九〇年)七四一頁。

明治二十七年度市議会議事録・二十七年十月二十日伴市長説明記録
水道設計々画の件、曽て県庁にて設計せしこと(広島用水会社の飲用水道設計)あれば、之を基礎とし、不完全の点あらば本県の技師にて補足せしめば、費用を軽減し万事都合ならんと認め、其の旨県庁へ請求せしに目下内務省にてを水道敷設の件に付取調ある趣なれば、其結果に依り、折角の設計も無益に属するの恐あるを以て、其大体の方針を定め、設計の準備をなすの得策なるを認め、内務省御雇バルトン氏を聘用せんことを、知事に向て請求せしに、幸に同氏も休暇中故(バルトンは東京工科大学教授であった)故、直ちに派遣になりし処、県庁の設計も大欠点を発見し材料にも成らざるを以て、バルトン氏来広するも直ちに着手すること能はず、依て宇品港より可部町迄、高低の測量及水質の試験、其他各戸の井水等を調査して、材料となし置たり。バルトン氏へ八月初旬来店し、三篠村、新庄村等の実地に就き水質水源等を調査し、又悪水溝渠等らも調査して八月中旬に帰京せり。而して設計の方針帰京の上照会する筈なり。又同氏より注文せしことあれども、之し(広島市街地高低大図、野池子定地測量精密図但給水引入口の低水位記入のもの)には技師をも要し費用も掛ることなれば目下考案中なり

(44) 大日本帝国議会誌刊行会編『大日本帝国議会誌　第三巻』(大日本帝国議会誌刊行会、一九二七年)。
(45) 広島市議会『広島市議会史　総論・明治編』七四一、七四二頁。
(46) 広島市水道局編『広島市水道70年史』一二二頁。
(47) 同右、一二五頁。
(48) 広島市議会『広島市議会史　総論・明治編』七四四頁。
(49) 広島市水道局編『広島市水道70年史』一四三―一五〇頁。
(50) 同右、一五四頁。
(51) 広島市水道局編『広島市水道百年史』一四九頁。
(52) 同右、九六、九七頁。
(53) 広島市水道局編『広島市水道70年史』二四三頁。

(54) 同右、一七五頁。
(55) 同右、一四四―一五〇頁。
(56) 同右、一五二頁。
(57) 横須賀市ホームページ「水道のあゆみ」〈https://www.city.yokosuka.kanagawa.jp/6710/rekisi/suido/ayumi.html〉。
(58) 石田成年「わが国の近代水道の父　吉村長策」(『阡陵』85号、関西大学博物館、二〇二二年)八、九頁。
(59) 佐世保市水道局『佐世保市水道ビジョン2020――2020～2029――』(佐世保市役所、二〇二〇年)六頁。
(60) 呉市上下水道局編『呉の水道100年』(呉市上下水道局、二〇一八年)一二頁。
(61) 舞鶴市役所上下水道部ホームページ「水道のあゆみ」〈https://www.city.maizuru.kyoto.jp/kurashi/0000003598.html〉。
(62) 旭川市ホームページ「水のはなし」〈https://www.city.asahikawa.hokkaido.jp/kurashi/440/441/4429/d071267.html〉。
(63) 札幌市教育委員会編『新札幌市史　第5巻通史5　上』(札幌市、二〇〇二年)一六五頁。
(64) 札幌市公園緑化協会ホームページ「公園の歴史―西岡公園」〈https://www.sapporo-park.or.jp/nishioka/?page_id=17〉。
(65) 広島市水道局編『広島市水道70年史』一七七頁。
(66) 同右、二三一頁。
(67) 同右、二八一頁。
(68) 同右、三二四頁。
(69) 広島市水道局編『広島市水道百年史』二一三頁。
(70) 同右、三四七頁。
(71) 同右、四一一頁。
(72) 松上三智作、千崎紀行画『命の水～ひろしま水道物語～』(広島市水道局、二〇〇五年)。

第三章　軍都広島における防疫の展開

長安　菜摘実

はじめに

近代における広島と伝染病の闘いは歴史も古く、明治十年（一八七七）の流行の際には広島県立医学校内に「コレラ病予防臨時事務所」を設けるとともに、仮病院を設置し患者の収容にあたったとされている。(1)明治十九年には大阪府下、徳島、和歌山両県下で猛威を振るっていたコレラが広島県下に侵入し、明治十二年の大流行を上回る流行が起ったことで、明治十九年六月六日に政府から「コレラ流行地」として指定された。県は広島に検疫本部を置き、広島、瀬戸、尾道、福山、鞆、府中などに出張検疫所を設け、流行地の道路交通の停止、演劇、角力、寄席興行などの禁止、一定時間外の糞尿の運搬禁止、河川の使用禁止などコレラを食い止めるために力を注いだ。(2)しかし当時の一般衛生状態では、激しい流行を見せたコレラを制止することが出来ず、県内の罹患者は七、四〇〇人を超え、死者五、三〇〇余人を出したという。

明治二十七年から二十八年に渡って行われた日清戦争でも同様で、度重なる疫病の流行によって公衆衛生の必要性が高まっていた国内で、広島は軍事上の必要から軍事衛生の確立が強く求められた地となった。日清戦争は、戦死者およそ一万三〇〇〇人の内およそ一万二〇〇〇人が戦病死者であったことから、「疫病との戦争」[3]とも呼ばれ、疫病をいかに防ぐことができるかが重要な課題であった。特に広島は大本営が設置されており、宇品港で兵士や物資が出入りするなど、軍の窓口として重要な役割を担っており、帰還兵に対する防疫と水際対策の重用性が求められていた。しかし、戦地で蔓延している伝染病の予防が不可欠な中で当時の検疫法や船内規則は現場に適したものでなかった。[4]その結果、陸上ではほとんど流行していなかったコレラが運送船内を中心に大流行し、出征軍の拠点である広島ではコレラや赤痢、腸チフスなどの伝染病の蔓延が深刻な問題となり、軍にも大きな打撃を与えたのである。[5]

凱旋兵士からと思われる感染が広島市で最初に確認されたのは明治二十八年三月二十八日で、まだ明治天皇が広島で政務を執っているときだった。その後も戦地患者の移送窓口であった宇品からコレラが侵入し続けたため、同年四月二十三日に広島県庁内に臨時検疫部を設け、同月二十五日に伝染病予防に関する県知事の告示を発し、五月一日に県内二カ所に検疫事務所を設け、防疫に力を注いだ。[6]しかし同月十一日、第五師団内にもついにコレラが発生し、同月十三日には患者は一八人に達した。[7]

さらに広島市内には第五師団以外の各地からも出征した軍夫が集まっており、彼らには一日六里以上の行進が課されていた。さらに民間人である彼らは市内の感染拡大源として危惧され、特に軍役夫を解雇された者たちは公衆衛生上危険な存在であったとされている[8]。

このように、広島は軍港をもつ窓口として重要な役割とそれに伴う負担をかされ、その中で衛生行政が生まれ、法令整備と強力な取り締まりがなされていった。

先行研究では日清戦争及び当時の広島に着目した研究は多く見られるが、「軍都広島」と伝染病の戦いの最前線として活躍した「似島」への注目がまだ不十分であるといえよう[9]。疫病への対策が急がれた「軍都広島」で、最も重要な防疫拠点の役割を担い過酷な戦いをした地こそ、「安芸の小富士」似島である。似島は広島市内に疫病を持ち込ませないための検疫所を設立する場所として選ばれ、宇品入港前の兵士に対する検疫を実施した。日清・日露戦争での帰還兵に対する検疫のほとんどを似島検疫所が担い、その存在なしに国の防疫は果たせなかったと言っても過言ではない。

本章では、軍事上の意味に留まらず、それを越えて軍都広島における公衆衛生がどのように発展したのかについて着目したい。疫病の蔓延が市内に与えた影響と似島に検疫所が設立された関係を繙くことによって、広島の軍事衛生の発展が「軍都広島」の形成にもたらした影響について検疫という観点から考察する。

第一節　軍隊における不充分な衛生

第一項　軍の衛生徹底不備

明治二十七年に起こった日清戦争の影響により、広島はコレラの恐怖にさらされた。

明治二十七年六月から翌年十二月までに朝鮮国、清国、台湾及び内地において発生した患者数について、『日清戦争統計集』では「出戦部隊及守備並留守部隊の傷病者は総数二十八万五千八百五十三人にして其の延数は六百七十三万五千七百四十三人、死亡総数二万百五十九人なり」[10]と記録されている。また、戦地での入院患者については「戦地十一万五千四百十九人にして内地十万二千七百二十七人なり就中戦地入院患者中戦闘に因する死傷者は四千五百十九人」で死者八二六人、傷者一、六九三人と記録されており、「我が軍を禍することと甚しく且防疫上多大の煩労と費用とを増さしめたるものは即ち虎列拉(コレラ)」と述べている。[11]また表1で示すように、日清戦争では患者数では赤痢約二〇万八〇〇〇人、腸チフス約七万四

表1　六種伝染病患者及び死亡者数

年次	明治27〜28年		
病名	患者数	死亡者数	死亡率
コレラ	55,690	40,468	72.67%
腸チフス	73,682	16,455	22.33%
赤痢	207,851	51,053	24.56%
ジフテリア	11,408	5,928	51.96%
発疹チフス	325	82	25.23%
痘瘡	13,705	3,610	26.34%
合計	362,661	117,596	32.43%

出典：『衛生局年報　明治二十七八年』を基に作成。

表2 日清戦争期の広島陸軍予備病院の動向

病類	患者	死亡
伝染病	12,361	807
赤痢	5,171	277
マラリヤ	3,744	109
腸チフス	2,052	178
コレラ	1,291	222
器械的外傷	4,261	78

出典：『明治二十七、八年役広島陸軍予備病院衛生業務報告』[13]

表3 明治前期の広島県と広島市のコレラ患者と死亡者数

年	広島県		広島市	
	患者数	死者	患者数	死者
明治26年	30	14	2	2
27年	46	23	4	4
28年	3,910	2,957	1,567	1,302
29年	50	24	不詳	不詳
30年	51	33	5	4

出典：『広島市立舟入市民病院開設120周年記念誌』

〇〇〇人、コレラ約五万六〇〇〇人の順に多く、中でも赤痢が多い。しかし死亡率を見ると赤痢約二五%、腸チフス約二二%、コレラ約七三%でコレラが圧倒的に高く、それへの対策は非常に重要であった。

その一方で、上記統計集には次のようにも述べられている。[12]

本病は二十八年三月以降殊に清国、澎湖島、台湾の各地及陸軍用船内に発生し同年四月ににわかに其の数を加え七月に及て其の頂に達し十二月に至るまで八千四百八十一人の患者を生じここにほとんど消滅したり当時本病内地各所に蔓延したるも陸軍部内に在りては到る所防疫の措置周到なりしに依り著しき伝播を見ずして終われり

また、表2が示す通り、戦闘による外傷よりも伝染病による患者と死者が圧倒的に多い。また、表3からわかるように明治二十八年には広島県・市内におけるコレラによる患者数と死者数が急増している。なぜ戦地で「著しき伝播を見ずして終れり」とされていたコレラが広島市域で流行し市民を苦しめたのだろうか。

軍施設以外でこれらの伝染病が蔓延した原因は、戦場となった清国・朝鮮・台湾などがコレラの流行地域であったにもかかわらず、防疫が不十分のまま輸送船で保菌者が国内の最大兵站基地の宇品に入港したことだと言われている。[14] 広島で最初の患者は、清国の大連港を出発し宇品に到着した任務を終えた軍夫だった。この戦争の期間で人口の六倍の兵員が広島に集まり、通常で二五万人程度の兵員が広島に滞在していた。[15] しかし、その人数を受け入れる宿泊施設がなく、兵士は民家に分宿する場合が多かったこともあり、「戦地より続々帰来する解傭軍夫の如きは数月湯水に浴せず衣は汚穢不潔を極めつつ其迄市内に適宜散宿するを以て不知不識の間に病毒を散布[16]」してしまったのだ。この後にも、軍事輸送船で宇品に入港した軍人や軍属がコレラに罹っていることを自覚せずに自宅に帰ったことで、その地域にコレラが流行するという状況が見られる。

また、戦地から帰還した患者を「各所管地においては広島より輸送し来れる患者をまず師団司令部所在地の陸軍予備病院に収容し次で各衛生地の陸軍予備病院に配送[17]」することになっていたことも理由と言える。「この役内地において開設したる陸軍予備病院は十八箇要塞病院は三箇にして就中其規模最広大なりしは広島陸軍予備病院[18]」であった。戦地から最初に戦傷病者を受け入れるために、陸軍は広島県内に六カ所ある予備病院の中でも広島陸軍予備病院（平時は広島衛戍病院）を最大の施設として明治二十七年七月八日に開設し、四、九五九人の入院患者を収容するための設備を整え、結果五万四〇二〇人を収容した。[19] この人数は、日清戦争にともなう戦傷病者二八万五八五三人の一八・九％にあたり、陸軍予備病院の中でも群を抜く存在であった。[20] このとき明治二十七年八月から十二月まで派遣されていた日本赤十字社の救護員は一、三七三人にのぼった[21]。そのうち医療活動に従事していた二五人が感染症と脚気で亡くなっており、中でも五人は広島陸軍予備病院で勤務していた医員と看護師であった[22]。

多くの患者を運び込んだ広島陸軍予備病院自体にも課題があった。日清戦争期に日本赤十字社救護員として派遣され、明治二十七年八月二十八日にこの病院を訪れた高橋種紀医師は、呉鎮守府病院と比較して、次のように報告している[23]。

> 鎮守府病院は港の中央に在り土地高燥空気の流通よろしく事務室及煉瓦病室に棟より成り伝染病室精神病室等を隷す同院の構造は慈恵医院に類し規模大ならずと雖も病室の清潔なる万般の整理頗る見るべきものあり殊に水の供給充分にして到る所水の使用に便宜なるは驚くに堪えたり

報告によると、二つの病院の違いは立地条件と病院設備にあったと言える。まず、呉鎮守府病院は医務、衛生制度をイギリス式に改革していた。その上で、上陸場から約五〇〇メートルと患者の輸送に便利で、採光、通風のよい丘の上に立地しており、レンガ造りで水道が完備され、病室は清潔に保たれていた。その一方で、広島陸軍予備病院は都心に位置し便利ではあるが、戦時には宇品港から遠いため戦地から帰還した患者の搬送には負担が大きかった。また、建物も粗末な木造が多く、水道もなくあまり清潔とは言えない病室で、さらに水はけの悪い市街地だったこともあり、衛生状態も良好とは言い難かった。加えて、似島検疫所が完成する前に戦地で罹患した兵士が帰還したことで消毒時機を失っていたことも、市内に疫病が蔓延してしまった理由であった。

第二項　広島でコレラ流行

軍による検疫が徹底されていなかったとはいえ、なぜこれほどまでに広島県内でコレラ患者が増加したのだろうか。

先に述べたコレラ患者を郡市別に分類すると、広島市の一、五六七人（死者一、三〇二人）を筆頭に、安芸郡七七三人（同五九九人）、佐伯郡三六四人（同二七九人）、御調郡二六八人（同二〇三人）、賀茂郡二〇四人（同一五〇人）、豊田郡一六二人（同一二二人）、深津郡一四一人（同一〇三人）、芦田郡一三八人（同九一人）、沼隈郡一二五人（同八八人）となり、広島市を中心とする沿岸部に多いことがわかる[24]。これらの数字を見ると、港のある宇品を起点として広島市と県内の沿岸部に海運業に従事した軍役人夫を通じて、コレラ菌が拡散されたと考えられる。

明治二十七年七月八日に、朝鮮に派遣されていた一八人の兵士が仁川兵站病院で治療を受け、広島陸軍予備病院に収容された。これが「帰朝患者収容の初めとす[25]」と記されており、明治二十八年六月一日に似島検疫所が開所するおよそ一年前であった。これ以降、戦場で罹患した兵士が逐次同病院に転送された。また、広島市のコレラ患者の発生を月別に見ると、凱旋部隊が宇品に到着し始めた明治二十八年四月から徐々に増加していることがわかる（表4）。

しかし、広島市内には伝染病菌に感染した大量の患者や感染した市民をすべて収容できる病院施設が足りなかった。広島市は当時すでにあった江波村の広島市避病院と比治山の広島市東避病院（当

表4 日清戦争期(明治28年)の広島市のコレラ患者発生状況

	4月	5月	6月	7月	8月	9月	10月	11月	計
男	10	76	173	123	288	63	18	2	753
女	2	43	117	86	250	46	11	0	555
計	12	199	290	209	538	109	29	2	1,308

出典：『広島市立舟入病院開設120周年記念誌』

時の新聞には比治山病院と記載されている）を購入し、宇品町御幸通西に臨時隔離病舎を設けたがそれでも十分ではなかった。「市は兵站基地として臨戦地境にあり、市内伝染病予防の如何は直ちに戦力に密接なる関係を有する重大問題」[26]なのだが、「市には大本営下の地として又出入軍隊の宿泊等に多くの市費を要して居り、病院新築は不可能の状態」[27]であり、広島市には新たに病院を建築できるような財政的余裕はなかったと考えられる。それでも急増する患者を収容・治療するために、広島陸軍予備病院は第一分舎を博愛病院内、第二分舎を白島村、第三分舎を仏護寺、第四分舎を第五師団西練兵場に開設した。[28]また後にこれらを統廃合し第一・第三分舎を第一分院、第二分舎を第二分院、第三分院を国泰寺村に新設し、第四分院を西練兵場の仮議事堂に開設した。[29]

さらに、収容人数に加えて問題であったのは、毎日増え続ける患者に対応する医療従事者の不足である。先に挙げた三つの施設のうち最も大きいのは広島市比治山避病院であったが、これに対応したのは、医師二人、薬剤師一人、事務員二人、雑用係一人、食事係若干名、看護師四人、消毒係四人、力仕事を担当する人が九人となっていたが、医師二人はいずれも嘱託で午前、午後と隔夜に交代で一人出勤するだけの状況であった。[30]加えて、当時の新聞によると当該病院では検温もなく、病床日誌さえ備えられていない状況であり、診察も午前一回、午後一回、夜中一回で治療はほとんどなされていなかった[31]。さらに患者の排泄物が消毒もされないまま廊下に放置されており、死体を移した後も同室患者のいる病室の消毒は行われておらず、収容された患者は死を覚悟しなければならなかったと述べられている[32]。このような病院の状態では、人手不足により十分な看護ができていなかったと容易に推測できる。その後増員され、最終的に軍医八〇人、雇医師九二人、看護関係者一、三四〇人などを合わせて一、七四八人となった。他にも日本赤十字社救護員など三一五人も活動している[33]。

以上のことから、日清戦争により広島でコレラの被害が拡大した原因は、凱旋後の検疫が不十分であったことと、市民の間でコレラに対する十分な知識が共有できていなかったため検疫されていない状態の帰還兵を民家に宿泊させるなどしたことで、二次感染を引き起こし被害が拡大したことにあると言える[34]。また、広島が軍都となっていたことによる広島市の経済的負担や土地不足、流行に伴う患者の急増によって疫病専門の病院は増えたが、治療を行う人手が不足したことも関係していた。

しかし一方で、広島におけるコレラの流行が深刻化したことは、戦争指導部としても事態を重く見るきっかけとなった。広島県は「伝染病を絶つは国家的義務[35]」として、明治二十八年八月十六日から六日間にわたり広島市内六カ所で通俗衛生懇話会を開き、市民に予防消毒について啓蒙活動を行った。この懇話会には当時の広島県知事鍋島幹や広島病院長匹田復次郎をはじめ医学士や衛生主任などが参加し、聴衆は一、〇〇〇人以上にのぼった[36]。さらに広島市は同年八月十七日から二十七日にかけて市域一三町村一、六一四戸に消毒的衛生法を施行した[37]。また鍋島県知事は凱旋軍兵士の受け入れに伴う伝染病問題を危惧し、「病毒を齎して各地に帰散するもの無きを保し難く且つ他日全軍凱旋の時に当りては甚だ危険の処ある」[38]と警戒を強め、明治二十八年三月二十一日に「門司港に於て虎列拉（コレラ）病発生漸次伝播の兆あるに依り（中略）該病患者若くは死者又は疑似症者あるときは相当処置すべきことを規定す」るという訓令を発している。[39]このようにして、帰還兵の伝染病の持ち込みにより疫病を市民にこれ以上広げないため、官民を挙げて衛生管理に力を注いでいくことになったのである。

第二節　日清戦争と似島検疫所

第一項　検疫所設立

日清戦争の凱旋兵士がもたらした疫病の蔓延に対して、陸軍省は政府部内に臨時陸軍検疫部を設置し、陸軍次官の児玉源太郎少将を臨時陸軍検疫部長、後藤新平（図1）を臨時陸軍検疫部事務官とする人事を発令した（明治二十八年四月一日付）。さらに、「臨時陸軍検疫部官制」（同年四月一日）、「臨時陸軍検疫部検疫規則」（同年四月二十六日）、「臨時陸軍検疫手続」（同年五月二十七日）などの諸規則を交付した。

また、第一節で述べていた広島市に新たな病院を立てる財政的余裕がないという状況を鑑みて、広島県衛生課長天野雨石は広島医会代表者の八木澄、森田幹夫、今井亥三松らと協議し、当時広島市に滞在していた後藤に次のような請願をした。[40]

図１　後藤新平
（出典：国立国会図書館）

広島は臨戦地境にして市民の住宅は皆兵舎であり、家人は兵士の所有を達する軍傭人である。もしその間に伝染病が起れば軍隊の衛生に直ちに影響する故に今市内に発生する伝染病患者は軍費を以て治療し、消毒して貰い度い

これを受けて、後藤は野戦衛生長官石黒忠悳の裁可を得て一万円で舟入町に陸軍病院（後の舟入市民病院）を建設し、軍人・軍属の伝染病患者を収容した。

そもそも、凱旋兵に対する検疫を奨励すべきことを最初に提言したのは石黒であった[41]。彼は、明治十年の西南戦争における疫病の流行を経験しており、今回の凱旋については陸軍大臣に軍隊検疫の設備の必要性を上申するとともに、明治二十八年一月二十日に広島で内務大臣野村靖に次のような提言書を提出した[42]。

（現代語訳：鶴見祐輔）戦役において、傷者よりも病者が多く、殊に各種の伝染病が多いのは、古来戦死に詳らかである。ましてや我が軍が向かっているのが、韓国、清国のように衛生制度のない国家である場合は尚更である。幸いにまだ大きな兵力の損害は見ないが、すでに我が軍に赤痢ならびに腸チフスに斃れた者が合計836名。敵弾創痍に斃れた者512名に比すれば、324名多い。（中略）したがって、帰国軍夫従丁のうち、創傷者と伝染病者とを宇品において収容し、広島陸軍予備病院に収めて軍人と均一の治療を受けさせた。現に広島陸軍予備病院の内科重病者は、十中の六、七がこの輩となるにいたっている。（中略）各軍の凱帰の日にいたって、帰営の便宜を図って、各港に上陸させ、各所に散帰させることになれば、我が陸軍において十分に警戒監視を加えても、地方においてもまたこれに応ずる計画がなければ、あるいは伝染病が播及する患いを免れることができるとは保証できない。

石黒の提言書が採用されたことで、明治二十八年二月五日に中央衛生会は凱旋兵に対する検疫の実施を決議した。臨時陸軍検疫部の中心となった後藤は同年四月三日に中央衛生会委員長長谷川泰や伝染病研究所長北里柴三郎らと検疫実施の具体方策について審議し、その結果似島（広島）、桜島（大阪）、彦島（下関）の三カ所に検疫所を設置することが決まった。『臨時陸軍検疫部報告摘要』（以下『報告』と略記）には、当初は似島、彦島、桜島、小樽の四カ所に検疫所を設置し、凱旋部隊の検疫を行う予定であったが、小樽を除く三カ所で検疫を行うこととなったと記されている[43]。

似島を選んだ理由について、当時の新聞では以下のように述べられている[44]。

（大意）本年一月初旬の頃、占領地旅順付近においてコレラが発生し、一時病気の勢いが過激になって、次第に広まる兆候を見せていた。それにもかかわらず、当時広島には大元帥陛下がおられるだけでなく、重要な諸機関がすべてこの地に設置され、本土と戦地における人馬の往来はもちろん、荷物などの発送もまた必ずこの地を経由して宇品港から積載することになっていた。したがって、この地と大連もしくは旅順との間における交通は非常に頻繁になっていたので万が一あの地の悪疫をこの地に持ち帰ることがあっては、大元帥陛下に対して畏れ多いだけでなく、疫病の流行と共に重要な諸機関の動きを阻むことがあっては一大事である。そのうえ、大本営の決議を経て戦地から帰ってくる船舶及び人馬などは馬関（下関）で厳重な検疫を施し、また類似した病者などが発生した時は宇品の近くにある相当な地を判断して避病院を建築し入院させて、広島の地には病気の疑いがある者でも決して上陸を許さないことに決めた。湧き出る水に至っては、良い土砂を潜って出てくるので極めて純良で、他の異物が混入していないだけでなく、山は高いが松の木が鬱蒼としているので水源が枯れることがなく、何千人の消毒作用に水を使用しても不自由することはないだろう。以上の事から広島における検疫所の位置として他に類を見なかった。

このことから、軍都となっていた広島には天皇の行在所をはじめ、国の重要機関が集められていたため、防疫の水際対策を急いだことがわかる。さらに似島は、「東北海岸に向って傾斜し、潮水干満の差は十尺余、大艦巨船の碇泊に適する良港湾[45]」であり、この点において他の彦島、桜島よりも優位性があったと言える。また、似島は検疫所を建設するうえで地形的に非常に適した土地であっただけでなく、消毒に必要となる清潔な水が豊富だったことも選定する際に重要な理由となった。

こうして、似島に当時世界最大級の検疫所の開設が決定したのである。

第二項　三つの検疫所

三つの検疫所では、当初から前例のない大規模な検疫を計画していた。似島検疫所では、一日五、

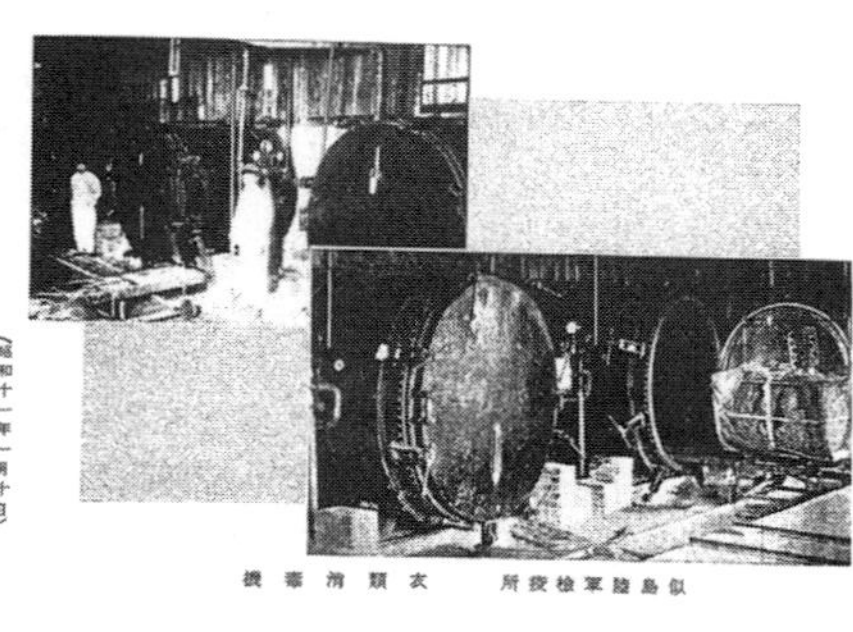

図２　似島陸軍検疫所　衣類消毒機
出典：『似の島陸軍検疫所　広島・宇品・名勝記念写真帖』（あき書房、1997 年）

〇〇〇人から六、〇〇〇人、彦島、桜島では各所一日二、五〇〇人から三、〇〇〇人の検疫を執行し得る設計をしていた。したがって、敷地としても似島二万三〇〇〇坪、彦島一万九〇〇〇坪、桜島二万四〇〇〇坪という広大な土地を用意し、消毒部、停留舎、避病院などの主要施設の他、兵舎、倉庫、炊事場、その他事務所などの関連施設を設置した。その総棟数は似島一三九棟、彦島一五三棟、桜島一〇九棟、その他に火葬場、汚物焼却場を各所に設置した[46]。また施設整備だけでなく、上陸した兵士が迷わないように案内記も作成し、凱旋部隊を迎える準備を進めた。

しかし、このような大規模な検疫施設でありながら、完成期限とされたのはわずか三カ月で、経費は一〇〇万円であった。その間に、海を埋め立て、樹を切り払い、地ならしをするなど環境を整えながら、世界最大規模の大型消毒缶を一三組製造して備え付けるという検疫施設としての準備を整えなければならなかった。この消毒缶は今回の検疫事業で重要となる、病原菌に汚染されている衣服などを大量にかつ短時間に消毒するという役割を担っていた。試験にあたった前出の北里柴三郎の試験復命書によると、「三十分間内に完全なる消毒の目的を達することを得[47]」られると記録されており、蒸気消毒汽缶の有用性が述べられている。特に似島検疫所は、明治二十八年四月一日の勅令第三十三号「臨時陸軍検疫部官制」交付から二カ月後の同年五月三十日に完成され、同年六月一日からは検疫業務に取り掛かっている。

このようにして検疫所内の設備は整っていったが、帰還兵に対してどのように検疫を実施するかが大きな問題であった。時に検疫は凱旋兵士の名誉を傷つけると考えられ、後藤は兵士だけでなく一般世間からも十分な理解のないまま非難にさらされることとなった。大本営にいた大蔵省主計官阪谷芳郎も次のように語っている。[48]

今まで命がけで海外に往って戦争をしてきたその気分は、すでに支那四百余州を呑んでいる。その軍隊に対して消毒するにはどうして消毒するか。そんなことをするならば、消毒場などは一夜のうちに叩き壊されてしまって、内乱でもおっぱじまりはしないかというような話があった

また、当時の状況について後藤は次のように述べている。[49]

初め軍隊検疫の議あるや、実に紛々たる異議を以て迎へられたり。或は運輸通信上に一大障害を来して軍機を失するものと為し、或は名誉の凱旋軍隊を迎ふるの道に非ずと為し、異説百端、殊に此大事業の設備を僅々期月の間に竣成せしめんとするは頗る無謀の挙たるを嘲り、其費額の百万金を要することを聞くに至ては、殆んど狂挙視したるものの如く、当時世人未だ戦後疫癘（えきれい）の最も恐るべきものたることを解せず、寧ろ此挙を以て杞憂に過ぐるものと思惟し、之を非とするの説を以て却て智言と為すが如きの奇観を呈したり

世論の理解を得られず苦しんだ後藤は、この問題について児玉検疫部長に相談したところ、明治二

十八年五月二十日の征清大総督小松宮彰仁親王の凱旋の際に、大総督に率先して検疫を受けてもらうという策を取ったことで、その他の兵士の異議を飲み込ませた。それでも従わない兵士に対しては、後藤自ら「新平は自分勝手にこんなことをやっておるのではない。ここは天皇陛下の検疫所で、自分はただその御命令に従ってやっておるに過ぎないのだ。御承知でもあろうが、後藤の検疫を受けるのだと思うのは間違いだ[50]」と言い含めたという。

検疫所で扱う伝染病は、コレラ・腸チフス・赤痢・発疹チフス・痘瘡(とうそう)・ペストで、「船舶は臨時陸軍検疫所に於て検疫官の臨検を受け許可の証書を得たる後に非らざれば港湾に進航し陸地又は船舶と交通し及乗船人員の上陸並に積荷の揚陸を為すべからず[51]」とし、厳格な規則を設けていた。また、「占領地に航行する船舶に便乗するものは消毒を了(おわ)りたる後検疫所内の停留舎に五日間宿泊せしめ病毒潜伏の処なきに至り退舎せしむべし[52]」と隔離期間も設定し、伝染病蔓延防止に取り組んだ。

また検疫所の設立にあたり、機関の独立性を確保することにも注意していた。階級的秩序を重んじている軍隊組織で、さらに戦地から帰還する凱旋兵が横暴さを見せることを危惧したのだ。そこで後藤は「抑も軍隊検疫の目的たる伝染病学の示す所に従て、古来戦役に随伴する疫毒の侵入伝播を防遏(ぼうあつ)する[53]」ことであり、「其効力は明確争ふ可らず[54]」として、以下の三大原則を立てた。[55]

第一　検疫官の職権は独立強固ならざる可らず
第二　検疫場の設備は伝染病学の学理に追随せざる可らず
第三　検疫作業は分科判明、序次整然たらざる可らずこうして、右記の原則をもって陸軍大臣監督下の一部局として野戦衛生部や陸軍省医務局に属しないことで検疫官に業務について強い独立性を持たせた。また最新式の消毒設備を備え、作業上の分科を確定することで所内で互いの業務を侵すことがないよう取り決めた。これらの周到な準備をして臨んだことで、凱旋兵らに対する検疫を一人残らず実現させたのである。

第三項　検疫所の有用性の証明

検疫所の運用中、日清戦争後の日本で水際対策がいかに重要であるかを理解する事態が起こった。『報告』によると凱旋兵を乗せてきた船舶の中で最も「惨の惨なるもの[56]」は白山丸で、「以て検疫の必要効験及検疫官の功労の一端を察するに足らん[57]」ものあったと記されている。同船は明治二十八年六月二十七日に船員のコレラ患者発生、死亡後も一切の処置なく放置し、その結果コレラ菌が飛散したことで患者を大量発生させ同月二十八日に下関に着くまでに三七人の発病者と内六人の死者を出した。翌二十九日に似島に到着した時には新たに三五人の発病者と内五人の死者を出すという悲惨な状態であった。そうして、最初の患者発覚から七月十日までのおよそ二週間の間に発生した患者は三〇三人にのぼり、内七〇人が死亡した[58]。『報告』によると、検疫所に到着した船内は極めて不潔であり、航海中は雨天続きで換気が不十分となっており臭気は甚だしく非常に不快で、「鏡検を須ひず真性虎列刺（コレラ）病たることを断定[59]」できるほどであったという。

この惨事の理由は、船長が吐瀉を知った時点で船員のコレラを疑わなかったこと、その者が死亡した時にすぐに隔離しなかったことにあるとされている。[60] また、白山丸が暴雨の中の航海であったためにコレラ患者が発生し病原菌が蔓延する中でも室内の換気が充分にできなかったこと、さらに患者が嘔吐した汚物が船内各所に散乱してもそれを取り除くことやそれを消毒するなどの処置がされなかったことも原因とされている。[61] 自然条件的理由がある一方で、白山丸以外の船舶にはこのような異常はなく上陸凱旋ができていたことに注目したい。船内におけるコレラ蔓延について、乗船前に伝染病に感染した踪跡がないとされており、さらにそれ以前の輸送の際にもコレラ患者を発生していた過去もあったことから、この惨劇は人災であり白山丸に起因していると言われている。[62]

このことを教訓に、明治二十八年七月十日に大連湾を出発し同月十三日に似島に到着した旅順丸では、検疫官が臨検した際に軍夫と野戦病院の看護師が下痢症に罹患していることから、病の隠蔽を推測し同船の停留を命じて詳しい検査を行った。その結果、揚陸消毒中の待合室で四人が発病し、結果五一人がコレラに感染・発病し、白山丸に次いで感染者の多い船となった。[63] これは一日でも早く帰りたい凱旋兵が体調の異常を申告しなかったことの現れであったと言えよう。

右記のような検疫官の行動を可能にしたものこそ、後藤が検疫官の権限を強くした結果であった。防疫の基本は厳格な医学的処置が行われることにあり、感染症の侵入と蔓延を防ぐためには階級や心情に左右されるのではなく科学的根拠をもって判断することを絶対とする基本理念が形成される契機となった。その後も、検疫部職員による患者の避病院への搬送や患者の発生した場所の消毒が懸命に行われた結果、ついに明治二十八年七月七日に患者の発生が止まった。[64] 検疫所開設から五カ月の間にコレラ患者を乗せて検疫所に来た船舶一一二隻、死亡患者七五二人、停留中の発病者八二一人という結果からも、検疫所設立が国に果たした防疫の役割は大きいことがわかる。特に図3で示すように、船舶や停留中に発病者が著しく増加していることがわかる。第一節で「著しき伝播を見ずして終われり」と述べられていたその背景にはコレラなどの伝染病が戦地よりもその帰還中に発病・蔓延していたことがあると言えよう。これらの保菌者をそのまま入港させなかったことは非常に意義があったのである。そのことについて『報告』では以下のように記されている。[65]

以上三検疫所に於て検疫せし総人員二十三万二千三百四十六人中軍人軍属等検疫所を通過し凱旋せしもの十六万九千余人にして其帰途中に虎列刺(コレラ)病を発したるものは僅かに三十七人即ち一万分の二人一九に過ぎず而して其虎列刺(コレラ)病を載せて検疫所に来りし船は実に一百十二隻其患者死者数は七百五十二人之れに停留中に発病せる八百二十一人を加ふれば一千五百余人の多数ありしにも拘はらず防疫機関の効力斯の如く顕著なりしは内外人の驚嘆する所にして我臨時陸軍検疫事業の功績著大なるを証するに足るべし

各検疫所の検疫実績を見ると、三カ所でおよそ二三万人を超える人員の検疫を実施している（表7）。特に似島では約一四万人の人員を検疫しており、避病院に収容した患者・死者数も群を抜いて多かった。また検疫設備としても、先に述べたような大消毒缶による消毒のみならず、桟橋から未消毒と既消毒に分けて「消毒部全体を未消毒と既消毒との両側に区画」[66]し、検疫所内の導線も決して未消毒者と既消毒者が交わることのないように組まれていた（図4）。検疫を受ける兵士たちに「伝染病予防心

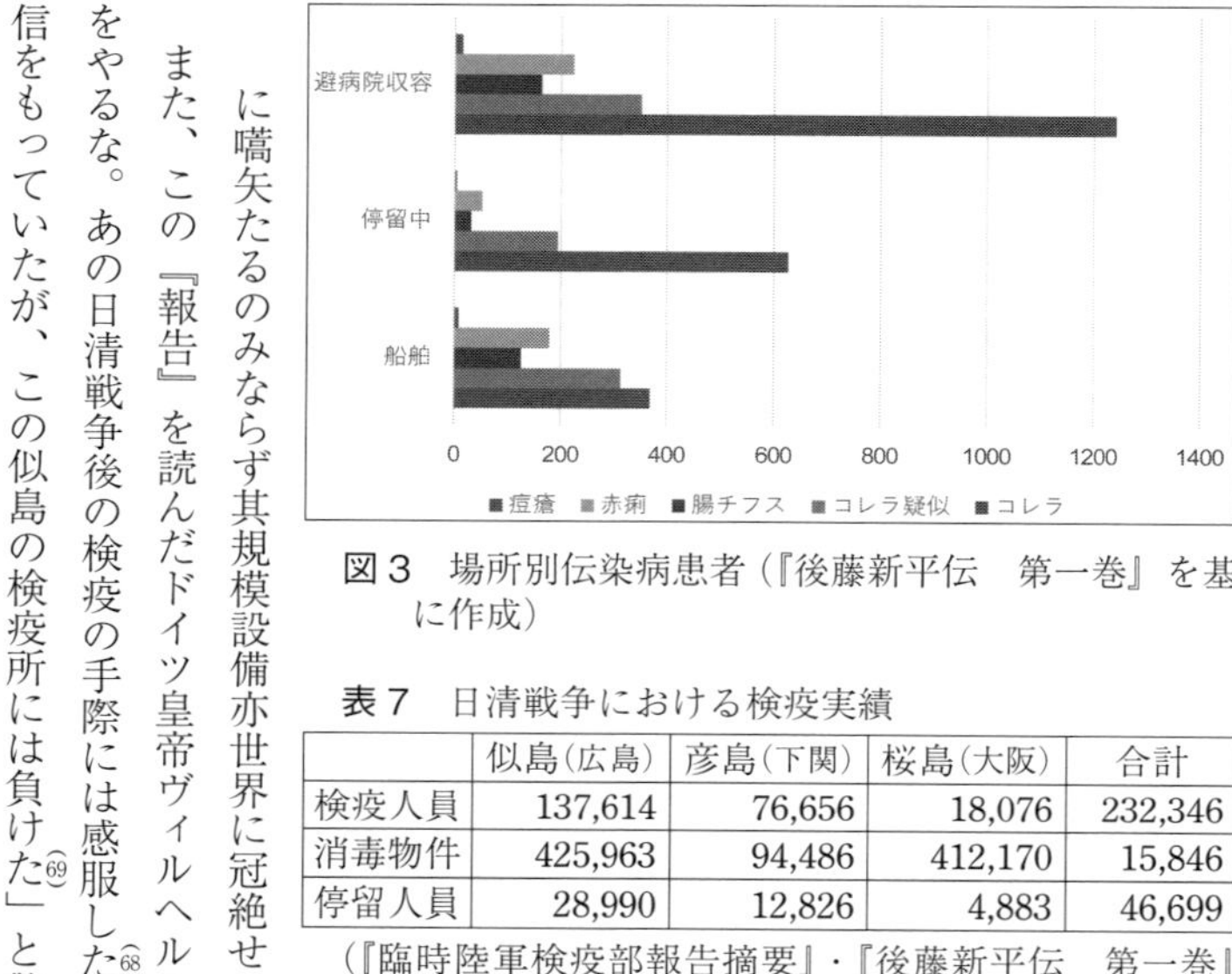

図３　場所別伝染病患者（『後藤新平伝　第一巻』を基に作成）

表７　日清戦争における検疫実績

	似島（広島）	彦島（下関）	桜島（大阪）	合計
検疫人員	137,614	76,656	18,076	232,346
消毒物件	425,963	94,486	412,170	15,846
停留人員	28,990	12,826	4,883	46,699

（『臨時陸軍検疫部報告摘要』・『後藤新平伝　第一巻』を基に作成）

得」を配布していることなどからも、施設内では徹底した消毒体制と防疫観念が行き届いていたと言えよう。

『報告』では検疫所について以下のように記されている。(67)

露国オデッサの検疫所は其規模大なりと謂ふと雖も遠く我彦島桜島に及ばず彦島桜島は我の小なるもの即ち一昼夜に消毒し得べき人員二千五百乃至三千人に過ぎざるなり然則ち我の大なるもの則ち一昼夜六千人を消毒し得べき似島検疫所に至ては実に世界唯一にして当に軍隊検疫の世界に嚆矢たるのみならず其規模設備亦世界に冠絶せり

また、この『報告』を読んだドイツ皇帝ヴィルヘルム二世は、ある日本人に「貴下の国は偉いことをやるな。あの日清戦争後の検疫の手際には感服した(68)」と語るとともに、「この方面では世界一と自信をもっていたが、この似島の検疫所には負けた(69)」と驚いていたと言われている。似島検疫所は当時、

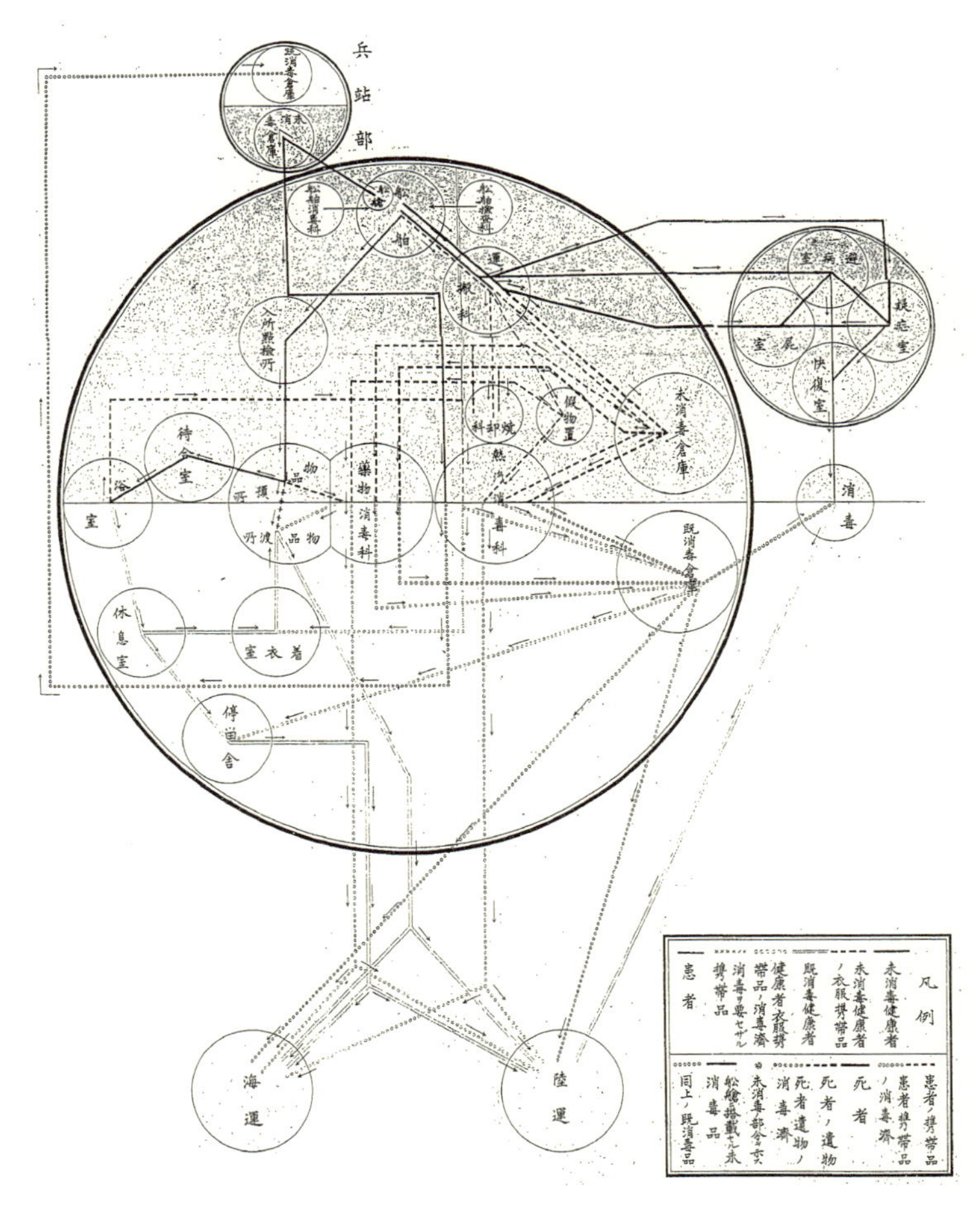

図４　検疫作業順序一覧(『臨時陸軍検疫部報告摘要』)

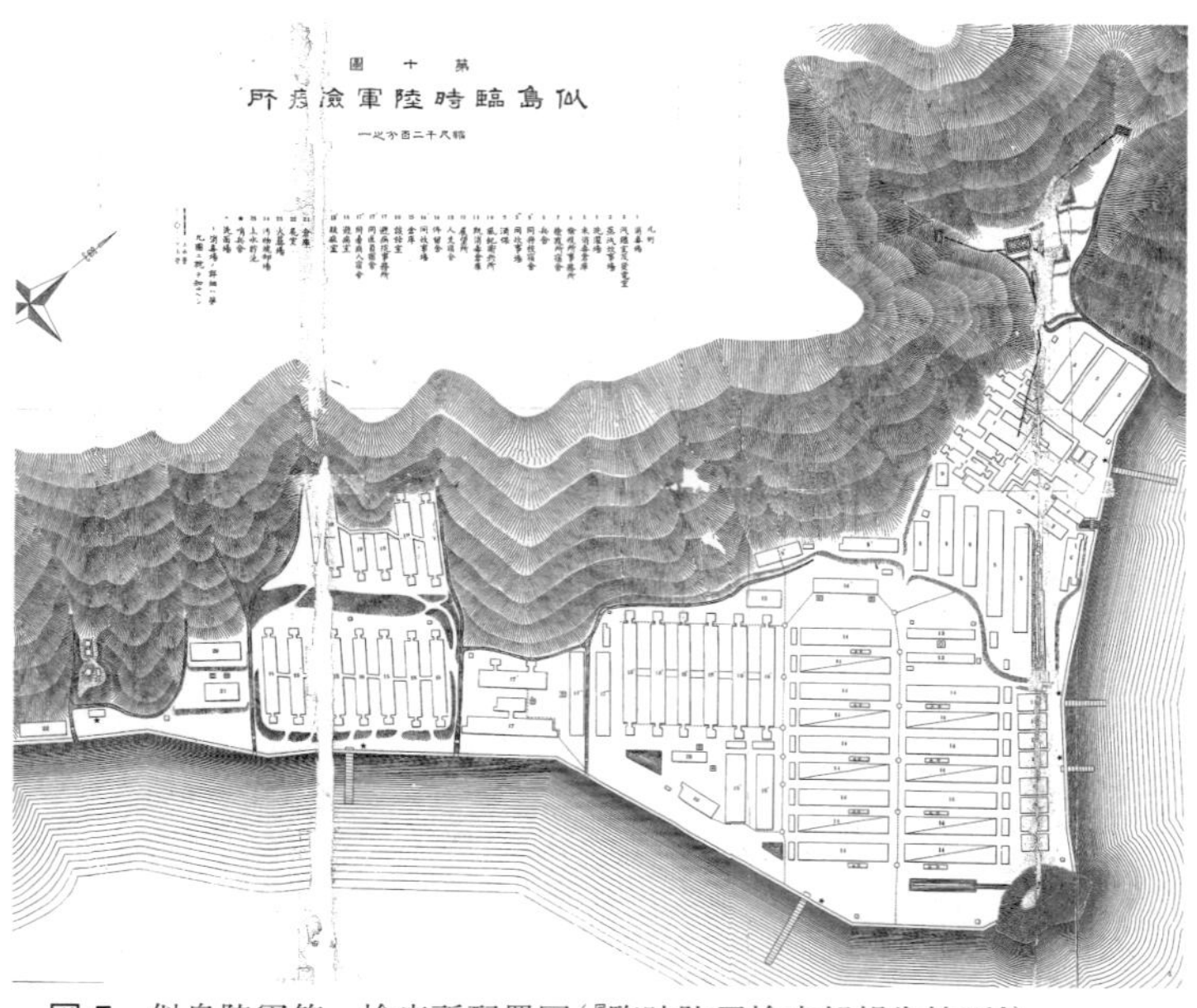

図５　似島陸軍第一検疫所配置図（『臨時陸軍検疫部報告摘要』）

世界に賞賛された最大の検疫施設だったのだ。

さらに、似島検疫所に附属して設置された避病院では一、二六〇人を収容し、内三八二人が死亡している。[70] これは、三カ所あった陸軍検疫所附属避病院の収容患者の六三・二％、死者の五九・八％を占めた。[71] また第一節で述べたように、広島陸軍予備病院では明治二十七年七月から明治二十九年三月までに五万四〇二〇人の患者を収容したが、そのうち三万八七七二人を転送しており、治癒九、七四一人、死亡二、六三四人であったことから、戦地からの患者を一時的に収容して他の陸軍予備病院へ送るという転送病院として機能した。[72]

日清戦争で「軍都広島」は軍事拠点という面だけでなく防疫拠点という重責も十分に果たしたと言えよう。

第三節　防疫と広島市

第一項　日露戦争における似島

日清戦争後には凱旋兵士によって国内に持ち込まれた疫病が市内に拡大することを防げなかったが、当時の反省を踏まえた対応と検疫所の設置により、後の日露戦争時にはその効果が大きく表れた。『明治三十七八年戦役検疫誌』[73]には次のように記されている。

日露の国交断絶後戦機漸く発展せんとするや陸軍省医務局長陸軍軍医監小池正直は夙に疫病の戦役に伴ふ先例に鑑み検疫実行の防疫上必要なるを認め明治三十七年四月二十日既に医務局課員二等軍医正宇山道碩をして之れか調査を起さしめ同時に検疫準備に関する委員設置の必要を陸軍大臣寺内正毅に具申し遂に同三十日則ち我陸軍鴨緑江の第一捷に先つこと一日に於て茲に左記委員の任命を見るに至れり

陸軍省は明治三十七年四月三十日に検疫準備委員会を設置し、「臨時陸軍検疫部条例」（同年七月一日）、「臨時陸軍検疫部服務規則」・「臨時陸軍検疫部検疫規則」（同年九月二十一日）などを公布した。委

表８　病院開設年月日及び収容区分

病院名	開設年月日	収容定員（非常収容定員）	収容患者区分
本院（広島衛戍病院本院）	明治37年3月6日	290（355）	重症外科 将校患者
基町分院（第一）	明治37年4月2日	1,280（1,514）	第五師団 外科患者
小姓町分院（第二）	明治37年6月3日	580（680）	外科患者
千田町分院（第三）	明治37年6月30日	488（560）	他師団 内科患者
江波分院（第四）	明治37年7月4日	1,315（1,515）	一般伝染病
白島分院（第五）	明治37年7月24日	1,290（1,513）	第五師団 内科患者 将校内科患者
皆実分院（第六）	明治37年9月5日	3,444（4,101）	他師団 内科患者
竹屋分院（第七）	明治37年10月15日	1,872（2,262）	他師団 外科患者

（『明治三十七八年戦役廣島豫備病院業務報告　前編』より作成）

員の内訳は次官を委員長に、軍務局員二人、医務局員二人、経理局員一人、軍医学校教官二人及千住製絨所長の八人で構成されていた[74]。

日露戦争では多くの患者が広島に送られることが予想されたため、これまで以上の規模の病院や検疫所が求められた。明治三十七年三月六日に開設命令が出された広島予備病院[75]は、広島衛戍（えいじゅ）病院第三区の建物を利用して同年三月十三日に準備を完了させ、表８で示す七分院を開設し、およそ一万二〇〇〇床の患者収容能力をもつ全国一位の予備病院となった。また、同年七月八日に似島臨時陸軍検疫所隔離病室を転用した似島隔離病室や、同年九月六日に寺院を利用した西寺町仮病室を設置して患者に備えた[76]。

日清戦争時には医療従事者不足に悩まされたが、明治二十七年三月六日の開院時に職員数一六〇人ほどだった広島予備病院は、日本赤十字

表９　日露戦争における検疫実績

	似島（広島）	大里（福岡）	和田岬（兵庫）	青森（青森）	室蘭（北海道）
検疫人員	663,443	402,485	147,727	59,270	16,696
消毒物件	21,623,031	4,218,703	不明	7,801	不明
伝病収容患（死）者数	98（9）	139（34）	7（3）	不明	不明
検疫所内の伝染病患者	15	3	不明	不明	不明

出典：『似島の口伝と史実』

社などからの医療従事者の派遣を受けて最大時で三、五七八人に達した。[77]このようにして、日清戦争とは比べものにならない規模となった日露戦争のために万全の準備で臨もうとしていた。

さらに似島では一日八、〇〇〇人の消毒を目的として、明治三十七年に陸軍第二検疫所を、三十八年に俘虜収容所を増設した。この他、明治三十七年に福岡県大里、明治三十八年九月二十一日に兵庫県和田岬に検疫所を開設し、明治三十八年七月二十四日に青森、明治三十九年二月二十七日に北海道室蘭に検疫出張所を開設している。中でも似島検疫所および大里検疫所は明治二十七年九月二十五日には早くも検疫課の業務を開始しており、同年十一月一日に開所同日から船舶の検疫を開始している。このとき「臨時陸軍検疫部検疫規則」で「五種伝染病」としてコレラ、ペスト、猩紅熱（しょうこうねつ）、痘瘡（とうそう）、黄熱を指定し対策を強化している。

これらの検疫施設の設置によって、全国に帰還した総人員一二八万九六二一人、[78]船舶三、四三三隻、その他軍馬貨物などに加えて、およそ七万二〇〇〇人の俘虜の検疫を可能にした。日露戦争の規模の大きさから検疫する人員や物資の増加したことで検疫施設も増設されたが、それでもなお似島検疫所の検疫実績は群を抜いて多く、日清戦争時の検疫件数

表10　明治後期の広島県、広島市の伝染病患者と死亡者数

年	コレラ			
	広島県		広島市	
	患者数	死者	患者数	死者
明治36年	92	53	7	4
37年	57	34	2	1
38年	28	20	3	3
39年	34	13	不明	不明
40年	86	60	7	6

（『広島市議会史　統計資料編』より作成）

と比べると約五倍に増加した（表7・表9）。

検疫人員の疾病内訳は、「五種伝染病」としては痘瘡（とうそう）が七人発見されるのみで、内五人は似島検疫所で食い止められた。また、日清戦争時には「其悪疫の主なるものは赤痢、麻拉利亜（マラリア）、虎列拉（コレラ）」[79]と言われた伝染病が、日露戦争時には赤痢、マラリアは患者の入院理由の一五位以内におらず、広島を苦しめたコレラにいたっては病名さえ登場しなかったのである。

似島の避病院に収容した患者は六七三人（内捕虜患者四七一人）で、死者は二九人（同患者一九人）であった。そのうち伝染病患者は九八人だがコレラ罹患者は発生しておらず、コレラの克服という日清戦争時との大きな差が表れている。この好成績について、『明治三十七八年戦役検疫誌』では以下のように述べられている。[80]

人力就中防疫機関の発達して疫病の未だ流行せざるに先ち早く既に防遏せしの与る所多きを疑はざるなり斯の如くして戦役戦後の両期に亘り能く疫病の蔓延及其の内地侵入を杜絶し遂に従来の戦史に見ざる破格の好例を遺すことを得たる

広島予備病院に収容された患者は明治三十七年三月六日の開院から明治三十九年九月二十九日までで二二万四二一三人に上り、陸軍の総患者一六六万八〇七六人の一三・四%を占めた。また同病院の入院後の動向では患者の転送一七万七四六〇人、治癒二万四九八人、死亡二、六八四人で、日清戦争時よりも転送病院としての機能を強めていた。

日露戦争を通した全体の患者だけでなく、表3、表10で示す通り広島県内では日清戦争中におよそ五、〇〇〇人いた患者数が、日露戦争中には八五人に減少した。この差を比較すると、およそ六〇分の一にまで抑えることに成功している。特に広島予備病院でコレラ患者が記録されていないことは、明治三十一年に市水道及び軍用水道が完備され衛生設備が充実したこと、さらに似島検疫所で適切な検疫がなされていたことの成果を示しているといえよう。加えて、陸軍内に配布された「陸軍部内虎列刺及百斯篤予防心得」[81]には「戦地と内地とを問わず今後流行の恐ある伝染病中最も恐るべきものは虎列刺(コレラ)と百斯篤(ペスト)なり」と記述があり、兵士に対して伝染病に対する意識の変化を促していたこともコレラ発生を防いだ一因であろう。

また、すべての伝染病患者を江波分院に隔離し、「江波分院予防消毒方法」(広島陸軍病院分院)を作成した。ここでは実際に「総て病室に出入するものは何人と雖も必ず出入りの都度靴底消毒器を踏過」[82]させることなどを規定し、実行したことで市内への疫病の拡大を防いだ。

一方検疫所内では、臨時陸軍検疫部本部長石本新六によって明治三十八年九月に「受検者の心得」として検疫消毒の趣旨が配布され、以下の内容が共有された[83]。

古来戦役の統計を案ずるに疫病侵襲の為に夥多の将卒を亡う而已ならず其患害を国民に及ぼし戦に勝て反て国家の疲弊を致ざしめたる例鮮なからず(中略)軍人一般各自衛生に注意すること厚き

と軍陣衛生の設備進歩したるとに職由するものにして内外の賞賛を亨る所なり（中略）故に勅令第百八十四号を以て臨時陸軍検疫部を設置せられ戦地と内地との間を往復する人員物件に対して清潔消毒を施行し殊に凱旋輸送に際し同部の業務を拡張し帰還軍隊に対して検疫方法を励行し厳に戦疫の侵襲伝播を抑制し以て各自の一身及び国家の惨害を未然に防遏（ぼうあつ）せんことを期せらる（中略）検疫消毒を受け一には各自身体の安寧を図り一には内地同胞をして戦疫伝播の虞（おそれ）なからしめ既得の勲績を傷けさらんことを努むべし

また検疫所内の衛生管理として、『明治三十七八年戦役検疫誌』で次のように記されている。(84)

各所共に所長より屢訓示し所員をして衛生機関の職員たる位地を自覚せしめ以て個人衛生を厳守せしむるの外所内に衛生防疫掛を常置し軍医を以て主脳とし附するに下士人夫の若干を以てし以て公共衛生の実行及個人衛生の監督に当らしめたり（中略）職員中伝染病に罹るものあるときは直に之を隔離し居室厠圊（かわや）の消毒及一般人員に対する健康診断を行ひ疑しきものを隔離し以て爾後（じご）に於ける蔓延を防遏せり

このことから前節でも述べたように軍は適切な検疫方法を実施するだけでなく兵士に対して、市民に伝染病を広げないことがいかに大切であるかを理解させることに努めていたと考えられ、日清戦争期とは兵士たちの意識が異なっていたと言える。

こうして検疫所の早期開所と大規模な検疫所での膨大な数の消毒作業、そして職員たちの衛生意識の高さによって日露戦争後の伝染病の蔓延を防ぐことに成功したのだ。

第二項　広島に与えた影響

第一項で述べた他にも、広島市の防疫のために実施していたことがあった。

内務省衛生局は明治三十七年二月に軍隊滞在地および通過地域の衛生維持のために地方長官に宛て通達を行った。内容としては、伝染病対策、検病的戸口調査の実施、飲料水水質検査、滞在地の飲食店や宿舎の清潔保持、梅毒予防などへの注意の記載であり、その全面実施を広島市に求めている。同市ではこの通達に先立って、市内衛生組合長、各町総代二二〇余名を収集し、飲食店などの清潔法実施、各町衛生組合を通じた衛生方針の徹底、特に上水道の使用を促し、井戸水検査や本格的な下水掃除をさせた。中でも広島市は軍の要請を受けて明治三十八年九月二十七日に広島市内の水道浄水以外の家庭水の使用を停止し、警察官吏の立会の上で市の責任によって井戸の封鎖または使用停止を進めた[85]。このとき封鎖、使用停止対象となった井戸は合計一万二〇〇〇個に及んだとされている[86]。また、軍隊帰還を控えた明治三十八年十月には広島市長から宿舎内外の清潔、夜具の日光消毒、伝染病の即時連絡、毎日の風呂の用意、食事ごとに煮炊きした食料の提供、兵士の洗濯の便宜など衛生に関する注意事項が発せられた[87]。

当時の広島の衛生問題について、広島県衛生課長は次のような談話を記録している[88]。

特に当地は将来出征軍人の宿泊所即ち軍用旅舎に充てらるることなしとせず。不幸にして此際伝染病患者等ありて軍隊に病毒を伝え遠く支那朝鮮へ繰出したる兵士が彼の地に至りたる後伝染病

に苦しみ陣頭に立つこと能わざるが如きあれば実に由々敷大事と謂わざるべからず

軍隊の中に疫病罹患者を出さないために、軍用宿舎の水は飲料水だけでなく、食器や衣類などの洗濯にも水道浄水を使用することが求められた。[89]

広島市およびその周辺地域では清潔法と言われる防疫のための屋内外にわたる一斉大掃除が繰り返し、徹底して行われた。[90]明治三十八年二月には床下掃除を含む各戸清潔法、市衛生吏員による軍用宿舎の実地調査が行われ、同年六月には内務省検疫事務官・第五師団軍医部長らの指導が入り地域ごとの臨時清潔法が警察の巡視監督の下で実施された。また公共下水道・溝渠の浚渫工事を行っただけでなく、伝染病患者が発生した家とその隣家に対して消毒的清潔法が実施されるなど徹底した消毒体制を敷いた。[91]中でも六月の清潔法は軍の強い要請によって行われ、四万円の経費も軍自ら支出したと記録されている。[92]

表11　日露戦争期広島予備病院入院患者の動向

病類	患者	死亡
全身病	98,498	1,441
脚気	69,921	868
流行性感冒	3,061	36
赤痢	1,858	179
腸チフス	1,643	259
マラリア	821	14
麻疹	72	0
痘瘡	13	0
ジフテリア	1	1
傷者	73,953	441

出典：『明治三十七八年戦役広島予備病院患者並業務統計表』

こうして、表2、表11で示すように日清戦争時と比べて、広島県内の赤痢やマラリアのような疫病患者を大きく減少させた。

この結果は『明治三十七八年戦役日本赤十字社救護報告書』[93]で以下のように記録されている。

軍事衛生進歩の結果病死者漸次に減少し最近の欧州戦に於て一対一、一八を示すと論じたり、是

れ大体に於て誤りなきものと認め可なるべし、依て試みに日清戦役以来我が軍傷病者の数を対比すれば左の如し

	傷者	病者	傷死	病死
日清戦役	一	六、九三	一	一二、〇九
清国事変	一	四、三七	一	一、九七
日露戦役	一	一、一五	一	〇、三七

（中略）日清役と対比すれば、病者は日清役の約六分の一、病死は約三十三分の一を示す、而かも土地気候其他衛生上の関係は前戦役と略略同じきに由り以て日露戦役の衛生成績が如何に良好なりしかを見るべきなり、尚ほ平戦両時の衛生成績を対照するに戦役の前年即ち三十六年に於ける平均一箇月の新患者一〇、二一％にして三十七年二月より三十八年十月に至る二十一箇月の戦闘死傷者を除きたる新患者は全軍一箇月の平均八、六九％なり、斯く戦時に於ける新患者の平時に於けるより少数なりし以上は日露戦役に於ける我が衛生成績は極めて良好と断言するを憚らず、然り戦争の古来内外に未曾有なりしと同時に其衛生成績も亦古来内外に未曾有なりと公言し得べきなり

このような軍事衛生の発達によって、日清戦争時には疫病の恐怖にさらされた国内の伝染病死傷者を激減させることに成功した。これまでに述べた通り戦争と疫病の流行は密接に関係しており、軍都広島の都市衛生の確立に与えた影響は大きく、広島が国内への疫病の流入を防いだ役割は非常に大き

かったと言えるのである。

おわりに

日清・日露戦争において広島が担った役割は多岐にわたった。その中で似島に検疫所を設置したことや広島市内で疫病対策を徹底して行ったことは、その方面での所期の目的を十分に果たしたと言えよう。軍都広島の形成と検疫の関係は密接であり、検疫が軍都広島に与えた影響とは広島の公衆衛生の確立と発展であろう。

しかし、検疫の実施によって本土に疫病兵士の凱旋を防ぐことに成功し、軍都広島が衛生都市として成長していった一方で、検疫所で検疫や消毒、治療などの検疫業務にあたっていた多くの検疫部職員が亡くなっている。『報告』によると、検疫業務にあたり伝染病に罹患した職員は一三六人で、内五六人が亡くなっている。[94] 発病場所は検疫所が一一一人、避病院が二五人であったことからも、いかに検疫所での業務が疫病との戦いであったかがわかる。[95]

こうした多くの犠牲者を出したことから、防疫と医療に従事して犠牲となった検疫部職員を追悼するために児玉源太郎が広島市内の饒津神社境内に追悼碑を建立した。碑石には「洵(まこと)に其功績は陸軍検疫の偉業と共に湮滅す可からざるものなり」とも記されている。[96] また、後藤新平が「世界未曽有の文明的一大新事業の実行を見るを得たり[97]」と述べたように輝かしい成果を出した防疫事業は、検疫所職員の懸命な業務によって支えられたのである。

日清・日露で活躍した似島検疫所は、その後の第二次世界大戦でも大きな役割を果たした。昭和二十年（一九四五）八月六日の原爆投下により、宇品に拠点を置いていた陸軍船舶司令部以外の中枢機関が壊滅的な打撃を受けた。軍はもともと似島を兵站病院として利用することを想定しており、似島に衛生材料の備蓄があったため、検疫所自体はすでに機能を停止していたが原爆被災者救護のために臨時野戦病院を開設することになった。[98]似島には病院開設命令からおよそ一時間後には原爆被災者を乗せた船が到着し、すぐに似島は原爆被害の縮図を表したような状況となったという。[99]似島に運び込まれた被災者は一万人におよび、その多くが家族に見送られることなく火葬、もしくは集団土葬されたとされ、数千人に及ぶ人々を弔うため検疫所長弘岡正の提案によって「千人塚」として供養塔を建立し埋葬したと言われている。[100]似島は防疫拠点としても、野戦病院としても広島に欠かせない活躍をしたのだ。

今の似島には在りし日の検疫所の姿はなく、かつての桟橋のみが当時の名残りをそこに留めている。

註

（1）広島県医師会編刊『広島県医師会史』（一九六六年）六五五頁。また、荒川章二によると、広島県以外の国内各師団司令部所在地の予備病院患者は基本的に関係地域の軍人のみであったが、本県では後送治療が必要な戦地の患者の大部分が宇品に運びこまれ、広島予備病院に収容された後に各師団司令部所在地の予備病院へ転送していたため、広島は送傷病兵を通じて戦局の推移全体を映し出す場となっていた（荒川章二「地域史としての日露戦争――陸軍輸送拠点・広島から――」（小森陽一・成田龍一編著『日露戦争スタディーズ』紀伊國屋書店、二〇〇四年、八八―八九頁）。

（2）広島県医師会『広島県医師会史』六五五頁。

（3）加藤真生「日清戦争におけるコレラ流行と防疫問題」（『日本史研究』689号、二〇二〇年一月）一頁。

（4）加藤真生「帝国日本の形成と日清・日露戦争における感染症問題」（名古屋大学学術機関リポジトリ、二〇二二年五月）一〇二―一一二頁。

（5）檜山幸夫『日清戦争の研究』中巻（ゆまに書房、二〇二二年）四五―四六頁。

（6）広島県医師会『広島県医師会史』六五五頁。

（7）同右。

（8）檜山幸夫『日清戦争の研究』中巻、四八頁。

（9）加藤真生「日清戦争におけるコレラ流行と防疫問題」、加藤真生「帝国日本の形成と日清・日露戦争における感染症問題」、檜山幸夫『日清戦争の研究』中巻などでも日清戦争全体を通しての伝染病の流行に着目されている。

（10）陸軍省『日清戦争統計集――明治二十七・八年戦役統計――』上巻２（海路書院、二〇〇五年）七一五―七一六頁。

（11）同右、七一六―七一七頁。

（12）同右、七一七頁。

（13）広島陸軍予備病院編刊『明治二十七、八年役広島陸軍予備病院衛生業務報告』第一（一八九六年）九―一二頁。

（14）広島市立舟入市民病院120周年記念誌編集委員会『広島市立舟入市民病院開設120周年記念誌』（広島市立病院機構広島市立舟入市民病院、二〇一六年）三六頁。

（15）被爆70年史編集研究会『被爆70年史　あの日まで、そしてあの日から　１９４５年８月６日』（広島市、二〇一八年）四八頁。

（16）「明治二十八年虎列拉病流行紀事」（『広島市立舟入市民病院開設120周年記念誌』二〇一六年三月、三六頁）。

(17) 陸軍省『日清戦争統計集——明治二十七・八年戦役統計——』上巻2、七一九頁。
(18) 同右。
(19) 千田武志「日清・日露戦争期の呉海軍病院の活動と特徴——広島陸軍予備病院との比較を通じて——」(『軍事史学』第四十六巻第二号、二〇一〇年九月)五七頁。
(20) 同右。
(21) 檜山幸夫『日清戦争の研究』中巻、三七頁。
(22) 同右。
(23) 高橋種紀「第十回報告」(一八九四年八月三十日)。
(24) 広島県『明治二十八年広島県統計書』二六五—二六七頁。
(25) 広島県編纂『広島臨戦地日誌』(一八九九年)四〇頁。
(26) 広島市医師会編刊『広島市医師会史』第1篇(一九五六年)一八頁。
(27) 同右。
(28) 広島県編纂『広島臨戦地日誌』七六頁。
(29) 同右。
(30) 広島市立舟入市民病院120周年記念誌編集委員会『広島市立舟入市民病院開設120周年記念誌』三八頁。
(31)『芸備日日新聞』一九五三年六月十日。
(32) 同右。
(33) 千田武志「軍都広島と戦時救護」(黒沢文貴・河合利修編『日本赤十字社と人道援助』東京大学出版会、二〇〇九年)一四二頁。
(34) 広島市立舟入市民病院120周年記念誌編集委員会『広島市立舟入市民病院開設120周年記念誌』三七頁。
(35) 広島県編纂『広島臨戦地日誌』八五頁。
(36) 檜山幸夫『日清戦争の研究』中巻、五〇頁。

(37) 広島県編纂『広島臨戦地日誌』九〇頁。
(38) 同右、四七八―四七九頁。
(39) 同右、五二三頁。
(40) 広島市医師会編刊『広島市医師会史』第1篇、一八頁。
(41) 鶴見祐輔『〈決定版〉正伝後藤新平』2(藤原書店、二〇〇四年)二六三頁。
(42) 同右。
(43) 陸軍省編刊『臨時陸軍検疫部報告摘要』(一九五四年七月)一一―一六頁。
(44) 『芸備日日新聞』一九五三年五月十三日。
(45) 同右。
(46) 鶴見祐輔『〈決定版〉正伝後藤新平』2、二九三頁。
(47) 同右、三〇六頁。
(48) 同右、三一六頁。
(49) 陸軍省編刊『臨時陸軍検疫部報告摘要』四頁。
(50) 鶴見祐輔『〈決定版〉正伝後藤新平』2、三一九頁。
(51) 檜山幸夫『日清戦争の研究』中巻、五七頁。
(52) 同右。
(53) 陸軍省編刊『臨時陸軍検疫部報告摘要』二頁。
(54) 同右。
(55) 同右、三頁。
(56) 同右、三二頁。
(57) 同右。
(58) 同右、三四―三七頁。

(59) 同右、三三頁。
(60) 檜山幸夫『日清戦争の研究』中巻、七〇頁。
(61) 陸軍省編刊『臨時陸軍検疫部報告摘要』三三頁。
(62) 檜山幸夫『日清戦争の研究』中巻、七二頁。
(63) 陸軍省編刊『臨時陸軍検疫部報告摘要』四一頁。
(64) 伊藤哲夫「近代史秘話　日清戦争後、疫病が猛威を震う中国大陸から復員引き揚げのための「検疫」をいかに成し遂げたか　後藤新平・奇跡のミッション」(『明日への選択』二〇二〇年四月)一九頁。
(65) 陸軍省編刊『臨時陸軍検疫部報告摘要』六五―六六頁。
(66) 同右、三頁。
(67) 同右、五頁。
(68) 伊藤哲夫「近代史秘話　日清戦争後、疫病が猛威を震う中国大陸から復員引き揚げのための「検疫」をいかに成し遂げたか　後藤新平・奇跡のミッション」二〇頁。
(69) 『似島　平和学習資料～似島と戦争～』(広島市似島臨海少年自然の家、二〇二〇年)六頁。
(70) 陸軍省編刊『臨時陸軍検疫部報告摘要』二四九頁。
(71) 千田武志「軍都広島と戦時救護」一四二頁。
(72) 同右。
(73) 陸軍省編刊『明治三十七八年戦役検疫誌(本編)』(一九六五年)一頁。
(74) 陸軍省編纂『明治卅七八年戦役陸軍政史』第七巻(湘南堂書店、一九八三年)一四三―一四四頁。
(75) 日清戦争時には広島陸軍予備病院と呼ばれていたが、日露戦争では広島予備病院と呼ばれた。
(76) 千田武志「軍都広島と戦時救護」一五八頁。
(77) 同右、一五九頁。
(78) 陸軍省編刊『明治三十七八年戦役検疫誌(本編)』六七頁。

(79) 参謀本部編纂『日清戦史』第八巻、一〇六頁。
(80) 陸軍省編刊『明治三十七八年戦役検疫誌〔本編〕』一二頁。
(81) 陸軍省編刊『陸軍部内虎列刺及百斯篤豫防心得』(一九〇五年五月)。
(82) 『明治三十七八年戦役広島予備病院業務報告』前編(広島予備病院、一九六五年)三〇三―三一一頁。
(83) 陸軍省編刊『明治三十七八年戦役検疫誌〔本編〕』四七頁。
(84) 同右、二〇一頁。
(85) 荒川章二『地域史としての日露戦争』一〇六頁。
(86) 同右。
(87) 同右。
(88) 『芸備日日新聞』一九六三年二月十四日。
(89) 荒川章二『地域史としての日露戦争』九三―九四頁。
(90) 同右。
(91) 同右。
(92) 陸軍省編纂『明治卅七八年戦役陸軍政史』第七巻、一四五頁。
(93) 日本赤十字社編刊『明治三十七八年戦役日本赤十字社救護報告書』(一九六六年)一四―一五頁。
(94) 陸軍省編刊『臨時陸軍検疫部報告摘要』二五〇頁。
(95) 同右、二五〇―二五一頁。
(96) 檜山幸夫『日清戦争の研究』中巻、六一―六二頁。
(97) 陸軍省編刊『臨時陸軍検疫部報告摘要』五頁。
(98) 小池聖一編著『原爆報道の研究』(現代史料出版、二〇二三年)四二頁。
(99) 同右、四六頁。
(100) ふるさと似島編集委員会編刊『ふるさと似島:平和学習参考資料』(二〇〇三年)六一頁。

第四章　兵站基地としての軍都広島

――宇品陸軍糧秣支廠の創業と展開――

田村愛美

はじめに

明治維新により発足した新政府が抱えた国家的課題とは「主権」の確立であり、欧米列強に比肩できる軍隊の建設は急務であった[1]。しかし、明治四年（一八七一）四月の石巻・小倉の二鎮台設置以降、軍は国内鎮定を第一の目的とし、長距離の移動を伴う対外戦争は必ずしも想定されていなかった[2]。そのため当初は戦時用食糧の貯蔵や補給といったものは、あまり重視されていなかった。

近代の欧米諸国は島国の日本と異なり、多くの対外戦争を経験していた。フランス革命の最中であった一七九五年、食糧難に悩まされた経験をもつナポレオン・ボナパルト（Napoléon Bonaparte）が食糧保存に適した容器を懸賞つきで募集した際、ガラス瓶の中に食物を入れコルク栓で封し、加熱殺菌を行った後、完全に密封する保存方法（瓶詰め）が考案された。欧米列強は十九世紀頃から食糧貯蔵・

補給に注力していたのである。[3]

日本において初めて兵食が提供されたのは、明治二年十二月に設置された大阪兵学寮での「官給食」である。当時在籍していた学生による「青年舎夢之記」[4]では、「皆云ふ、今日の飯茲れ炊や否や。何ぞ粒の堅き。此魚何ぞ如レ此鹹（しおから）なる。我口将に狂（ママ）らんとす。此条何ぞ如レ此冷なる。無二乃（ラン）水一乎。水なれば則ち豈（あに）如レ此き色を帯んや。詬罵（こうば）百出（ひゃくしゅつ）、縷々（るる）綫の如く不レ絶」[5]とある。兵学寮においては欧米を手本に文明開化の先端を取り入れていたが、和食で育ってきた学生にはここで提供される牛肉料理やスープといった料理が口に合わなかったようである。兵学寮の「学舎規則大意」[6]では『和蘭王兵学校掟書』[7]に書かれた食事に関する規則が引用され、寮内の兵食教育はフランスやオランダの兵食を参考に進められていた。[8]さらに明治四年には、当時兵部省軍医寮に出仕し近代の軍医制度の創始に尽力していた石黒忠悳（ただのり）が、兵員が自ら食事を作るべきとした上で陸軍内の自炊制度を作った。[9]これをきっかけに陸軍内で兵食の開発・研究が加速したのである。

さらに明治十年の西南戦争以降、士族反乱の可能性が消滅していくと、国家的独立という対外的課題が再び浮上することとなった。そこで明治二十一年に諸兵連合の建制部隊として師団制が導入され、防御戦略に「外線防禦」が採用されるに至り、ようやく対外戦争における食糧の貯蔵・補給の重要性が認識された。[10]

そして明治二十七年に勃発した日清戦争では、宇品港（現・広島港）が大陸へ部隊を送り出す軍港となったため、港において食糧や軍馬の飼料を船内へ載積させる必要が生じた。その後陸軍は、糧秣[11]の確保を専門とする常設機関「宇品陸軍糧秣支廠」を設置した。この後、広島市の保存食製造は他地域を凌ぐ勢いで発展することとなった。

同市の保存食製造に注目する意味は、近代において同市が陸軍の兵站基地として重要な役割を果たしていたことにある。宇品港は、日清戦争以降も大陸方面への出征に際し重要な拠点であり、多くの軍備が宇品港に集積し船へ積載されていった。保存食も軍備品の中に含まれ、それを宇品港の周辺地域で大量生産していたことは注目に値する。

広島の保存食製造に関する先行研究は、広島市郷土資料館編刊『近代の「兵食」と宇品陸軍糧秣支廠』[12]や『広島市郷土資料館特別展図録 廣島缶詰物語』[13]がある。これらの内容をそれぞれ比較すると、陸軍における兵食研究や広島県内の缶詰製造について着目している一方で、民間製造者と陸軍の関係性については論じられていない。しかし、明治・大正期の『広島県統計表』[14]や『工場統計表』[15]の生産量推移と、時世の出来事を見比べると、民間の保存食生産量が連動している。同市全体が兵站基地としての役割を帯びていたからこそ民間の製造業が発展した、という事実へさらに言及しなければなるまい。

また研究論文では、真杉高之「牛缶の歩んだ道2　広島に〝缶詰王国〟の座」[16]がある。これは宇品陸軍糧秣支廠の存在が同市の産業に影響を与えていた点について触れているが、主軸は民間工場における牛肉缶詰の生産についてである。そこでは宇品陸軍糧秣支廠に追随して向上した民間業者の労働環境や、同業組合の連携体制の拡充といった社会変革については述べられていない。また、喜多泰弘「日本製缶業史における需要構造の変化と缶の商品文化史――なぜ日本ではここまで缶が普及したのか？[17]

――」や、多田統一「大正後半期から昭和初期にかけての本邦の缶詰業――農産缶詰を中心として[18]――」などもある。いずれも日本の缶詰の軍需について論じたものである。広島県内の軍需については多田が詳しく取りあげており、第一次世界大戦時の県内生産量が示されているが、これは他道府県の生産量との比較をすると同時に、同県で生産していた缶詰の種別を、あくまでも一例として紹介するものにとどまっている。そのため、広島の保存食製造の意義に関しての不十分さは否めない。

本章では広島市の保存食製造業が発展するに至った経緯と要因について実証的に検証するとともに、宇品陸軍糧秣支廠を中心とした保存食製造が軍都広島の産業形成にどのような影響をもたらしたのかについて考察したい。

第一節　保存食製造の黎明期

第一項　日本における保存食研究の起点

日本における保存食研究の起点は、長崎の広運館(こううんかん)[19]（現・長崎市立長崎商業高等学校）で教鞭を執っていた松田雅典(まさのり)によって築かれた。彼は、長崎在留フランス領事が持ち込んでいた牛肉の缶詰を目にし、何か月も前に作られた食品が腐ること無く、そのまま食べられるという事実に影響を受けた[20]。

それはまた、乾物や塩蔵品、発酵調味料の味噌や醤油といった保存食が一般的だった日本人に、保存食の更なる多様性を提起するものであった。松田はそのフランス領事、レオン・デュリー[21]（Leon Dury）の指導のもとで、明治四年頃にイワシ油漬缶詰を試製した[22]。

その頃、明治政府においても「兵食」を目的とした保存食研究へ注力する動きがあった。明治七年、内務省勧農局勧業寮内藤新宿試験場[23]が設置され、内務卿大久保利通は、この試験場を中心とし大規模な勧業政策を推進した。育種場、農学校、種畜場、製品工場等の建設や、開墾・開拓などの農地改良を進める中、保存食製造は同試験場の樹芸掛に属し、果実や野菜の試験や加工試製が行われた。明治八年、アメリカへの官費留学から帰国した柳澤佐吉によってモモ砂糖漬缶詰、後には大藤松五郎によってトマト缶詰も試製されている。しかし、このとき使用した缶は不完全な物で、製品の大半は腐敗し、保存の利く物はほんの僅かだった。

同年、アメリカ独立百年を記念した万国博覧会がフィラデルフィアで開催された。そこで日本政府から関沢明清（あけきよ）と池田謙蔵が現地へ派遣されていた。関沢はアメリカ滞在中に、水産業と水産物加工について研究した。彼は帰国すると大久保に、アメリカでのサケ・マス人工孵化法と缶詰産業の現状について報告し、官営工場の設置について建議した。これを受け大久保は、北海道開拓使に命じ官営缶詰工場の建設に着手させた。よって勧業政策における保存食は、海外渡航の経験がある者が舶来品に類似した缶詰を試製することから始まったこ

図１　松田雅典
（livedoor News から引用）

とが分かる。[24]

明治十年、北海道石狩船場町に日本初の缶詰工場が誕生し、アメリカから機械を輸入し、アメリカ人技師二名が招かれ、サケ・マス等の缶詰製造が開始された。原料は石狩川から調達していたことから、地政や運搬を考慮していたことが窺える。工場では函館付近から集めた伝習生たちの力により操業していた。その後、石狩に続き別海（べっかい）、美々（びび）、紗那（しゃな）、厚岸（あっけし）にも缶詰工場が開設され、組織的企画により日本の保存食製造の基礎が築かれていった。このように、明治初期の保存食製造の中心地は北海道であったと言える。また、日本の保存食製造の技術はフランスやアメリカの技術を導入して始められたのである。[25]

明治十一年、第三回パリ万国博覧会が開催された。日本の缶詰が世界へ紹介されたのは、この時である。内務大輔松方正義が、日本の博覧会事務副総裁としてパリに滞在中、北海道開拓使長官の黒田清隆からサケ缶詰の見本が届けられた。松方は届けられたサケ缶詰を博覧会へ出品し、同年四月、黒田にロンドンでの販売の可能性を報告するに至った。松方の報告通り、開拓使はその年のうちに横浜のパピエール商会を通してイギリス、アメリカ両国へサケ缶詰を試売した。[26]

以降、内務省の勧奨によりオーストリア、上海、そして保存食発祥の地フランスへの輸出が始まった。輸出面で注目され始めていた缶詰だったが、国内販売はほとんど行われていなかった。それは缶詰が広く知られていなかったことや高価な値段設定に要因があった。開拓使の規定で一缶二〇～三五銭の値が付けられていたが、これは当時の米一升の値段の三倍から五倍に相当する価格である。庶民からしたら、文明開化のハイカラな食べ物に魅力を感じるも手が出ない価格設定であった[27]。

以上のように、保存食製造は明治初期に研究が始まり、輸出用に製造され、やがて品質改良を重ね、軍用食糧として注目されていくことになる。

第二項　日清戦争時の糧秣

明治二十七年に勃発した日清戦争の直前から初期にかけて、陸軍は戦時用の糧食を国内で確保することが難しい状況であったため、アメリカからローストビーフ、ボイルドビーフ、コーンドビーフなどの缶詰を約二五万円分買い入れていた。購入の仲介は三井組、大倉組といった貿易商社が担ったが、陸軍において保存食（缶詰）の取り扱い方が分からないという問題が発生した[28]。

そこで陸軍は、遠洋航海があり長期間の保存が利く食糧をいち早く輸入していた海軍から、貯蔵や使用方法の指導を受けることとなった[29]。当時、陸軍と海軍の間には、必ずしも協調関係があったという訳ではない。そのような中での決断であることから、陸軍が保存食確保を急務の課題としていたことが分かる。

こうして保存食確保に漕ぎつけた陸軍であったが、実際に食べる中、アメリカ製のビーフ類は必ずしも日本人の口に合うものとは言えなかった。そのため、陸軍は最終的に国内製品を優先的に採用することになった。陸軍による国産缶詰買い上げは缶詰業界を刺激し、結果として小規模業者が矢継ぎ早に創業するに至った。明治二十六年から三十年にかけ、東京府内で三〇軒近くにまで缶詰業者が急

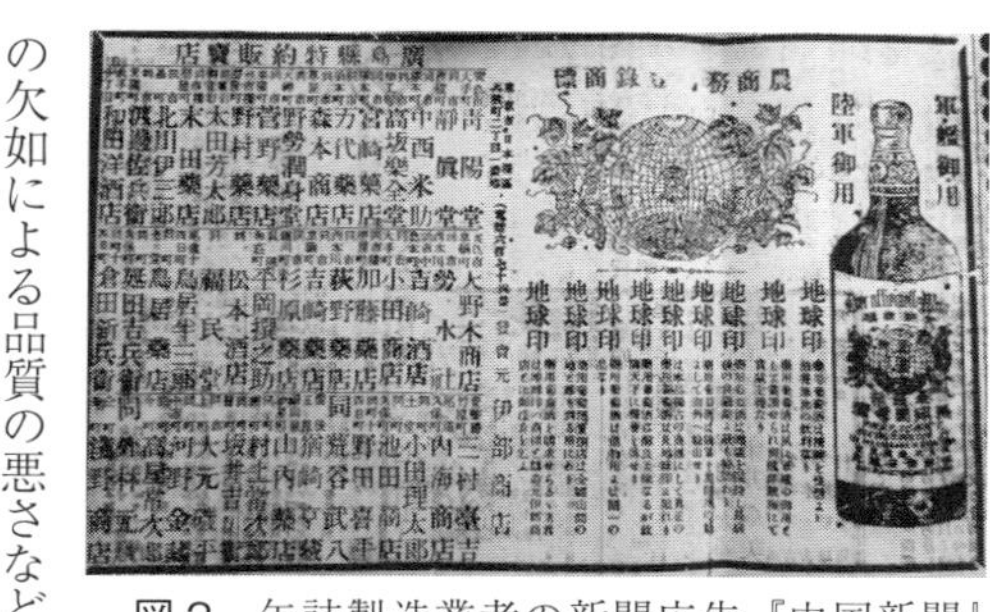

図２　缶詰製造業者の新聞広告『中国新聞』明治30年3月13日5面

右上に「軍艦御用」「陸軍御用」とあり、左には「広島県特約販売店」とある。販売店の中に、「青陽堂」と缶詰製造業者の名称も書かれている。青陽堂は後に山陽堂と合併した（現・サンヨー堂）。

増した。[30]そうした業界の活況は図2のように、新聞広告へ表れた。日清戦争開戦後は、戦況についての国民の関心が非常に高く、各社、毎日多くの紙面を割いて戦況を報じるとともに、文字のみならず図版や写真、軍需産業を支える商店の広告の掲載、更には専門雑誌や特集増刊号も発行した。それには保存食製造業者の新聞広告が高い頻度で掲載されていたことも確認でき、戦争を通じて新しい保存食品が、広く一般に広まったことが分かる。

　こうしたことを背景に生産性が向上し、社会的認知度が上がる一方で、国内技術の未熟さや商品知識の欠如による品質の悪さなどにより、健康被害の報告も見られた。そこで陸軍は安全管理に関する規定の策定に乗り出した。明治二十七年九月兵食缶詰改良審議会を設置し、民間業者を対象とした監督者を配置することとなった。また十月に全国から業者を四〇人近く集め、缶の型を統一することや製法に関する要望を発信し、協力体制を築いたのである。明治初期において輸出品目として注目されていた保存食製造は、日清戦争開戦を転換点に軍用食糧として広く一般に認知されていったのである。

　しかし、戦地では脚気[31]による入院患者が多く見られ、糧食において必要な栄養が担保されていなかった。表1で示したように、戦地における疾病入院患者数の中で、脚気が最も多かったとされている。[32]その後陸軍は、出征部隊に対する糧秣の調達と補給を司る常設機関を有していなかったことを、脚気患者が多くなった要因だと考え、糧秣確保へ注力していったのである。[33]

第三項　広島における保存食製造のはじまり

日本銀行調査局の「広島缶詰に関する調査」によると、広島缶詰業の沿革は、我が国の缶詰業の沿革と、ほぼ同じ経路を辿って発達したとされており、[34]第一項で述べた全国的な保存食の起点と同様である。広島で本格的に缶詰製造を始めたのは脇隆景（わきたかかげ）（一八四九～一九一二）である。明治十二年頃、出身地である広島県賀茂郡（現・東広島市西条）の書記であった脇は、偶然の機会を得てフランス人宣教師バーテルと出会った。この時バーテルは、シンガポールの友人から贈られたパイナップル缶詰を脇へ振舞った。また脇は、バーテルから広島の名産である牡蠣を使用した缶詰を作るよう提案を受けたことをきっかけに、起業を決意した。職を辞すとともに代々続いてきた酒造業の実家を引き払い、新規事業を始めるための同志を集めた。こうして海田市町（現・海田町）に広島県で最初の缶詰工場を創業したのである。しかし、交通機関の不備により販路も限られていたことで、缶詰は普及しなかっ

表1　戦地における疾病入院患者(非軍人を含む)

入院患者病名	人員	割合
脚気	30,126	26%
赤痢	11,164	10%
マラリア	10,511	9%
コレラ	8,481	7%
凍傷	7,226	6%
その他	47,921	42%
計	115,429	100%

出典：参謀本部編『明治二十七八年日清戦史』第8巻(1907年)より作成。

たとされている。問題はそれだけにとどまらず、技術が未発達のためか製品が腐敗し打撃を受けることもしばしば発生した[35]。彼らは器具や機械が揃っていなかったため、やむなく一時閉鎖せざるを得なくなってしまった。それでも脇は諦めず、親類の脇栄太郎（西条町出身の政治家）に相談し、彼の伝手で出資者を募り、明治十三年十月、広島市胡町に再び缶詰工場を開設した[36]。

その当初は野菜や枇杷、牡蠣を素材にして製造していたが販路開拓は難航し、また技術不足による不良品廃棄で製品を海に捨てたり、地中に埋め処分するといったこともあった[37]。そうした困難の中でも、売り上げを少しずつ増やしていき、翌年、三田農具製作所（明治十二年東京に設置された官営製作所）からブリキのプレス機等を購入し、製造ラインを充実させていった[38]。

彼は製造法改善や技術研究を重ね、明治十六年に開催された東京水産博覧会で缶詰が賞を獲得した。そして明治十八年には、広島鎮台に牛肉缶詰を納入するに至った。これは、陸軍に備蓄品として缶詰を納入した最初の事例である。明治二十六年には横須賀と呉の海軍鎮守府から製品納入の依頼も受け、日清戦争においても大量の軍納をした[39]。

『広島缶詰業沿革誌』では、日清戦争が保存食の新規製造者を生む契機となった点について以下の通り述べられている[40]。

> 二十七年も半ばを過ぎ、人は暑熱に漸く倦怠を生ぜんとする頃、広島の天地は俄に色めき立った。往さ来るさの巷の人は、誰も彼も其面上に一種緊張の色を見せた。日清の平和破れ、絶えて久しき外征の幕が開いた。五師団から真先に軍隊が繰出される、宇品港には数十隻の御用船が煙

りを上げて居る。九月には大本営が置かれ、師団司令部は時ならぬ行在所となり、文武百僚を始めとし、各地からは出征の軍隊将卒、陸続として入込み来り、馬匹の徴発に軍需諸品の調達に、商況は弥が上に繁盛を来し、各種の工場は職工を増し、夜を日に継ぎて懸命に働いた。其頃、広島の殷賑熱閙は未曾有であつた。実際広島は此時を画して急激に膨張発展を遂げたものである。斯る状況の下に、従来の缶詰製造業者たる逸見、脇、浅枝等の諸氏がその能率を倍加して、奮進したことは云ふ迄もなく、原料供給を業とせる木村氏も、此の如き重要の機会に於て、袖手する筈なく自宅に工場を設け、副業として缶詰製造に従事したが、戦役後は遂に製造を主とし、工場狭隘を告ぐるに及びて、西魚屋町に移り、二十八年十一月には、加藤多市氏新に製造を開始した。

このように、脇を中心にして始められた広島の保存食製造は、日清戦争時の大本営設置をきっかけに軍用食糧として注目されることとなった。

第二節　陸軍糧秣廠の創業

第一項　陸軍中央糧秣廠宇品支廠の設置

明治二十七年の日清戦争において、陸軍は出征部隊に対する糧秣の調達と補給を司る専門の常設機

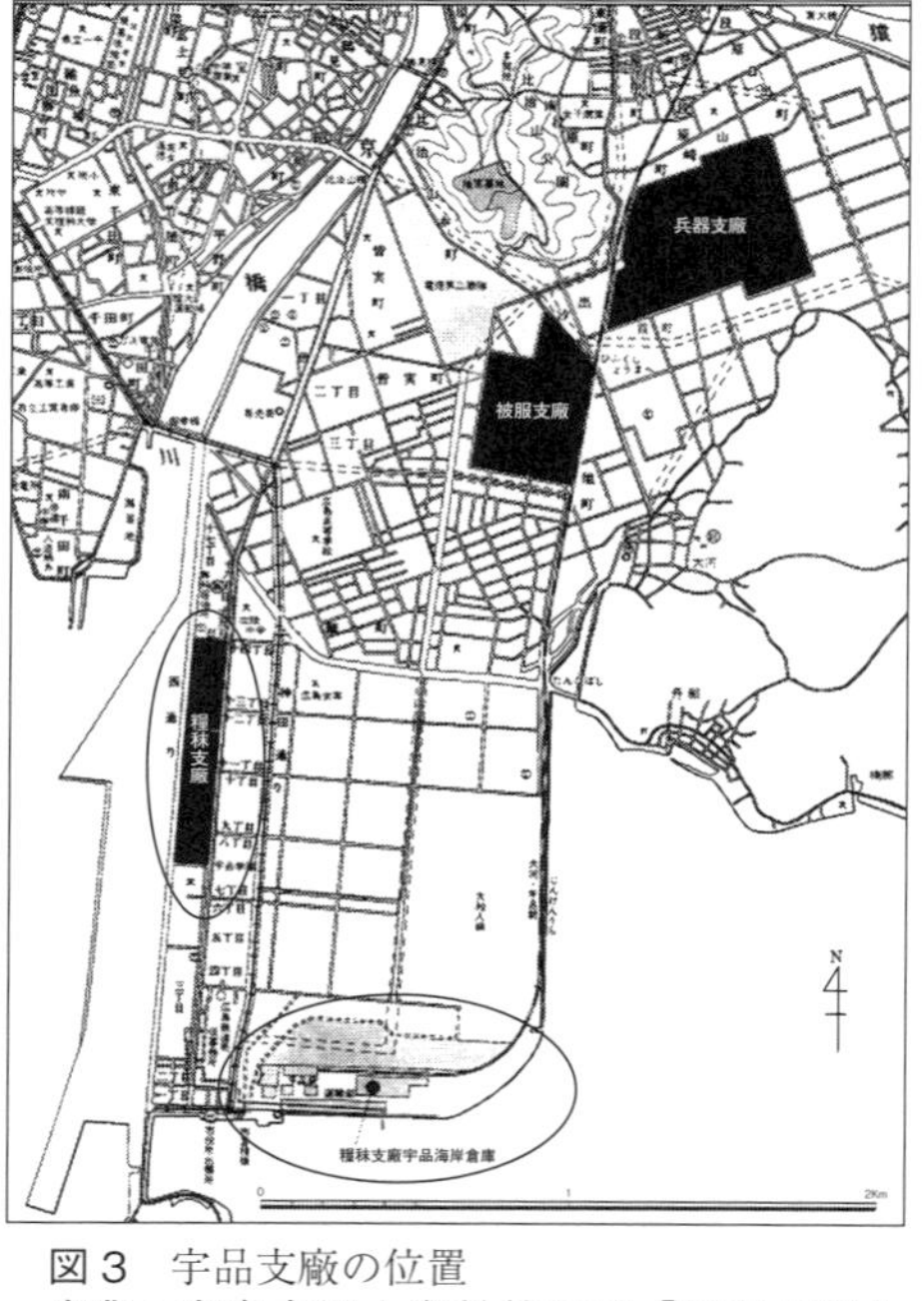

図３　宇品支廠の位置
出典：広島市郷土資料館編刊『写真が明かす糧秣支廠の姿――糧秣支廠写真集――』（1999年）より引用。

関を有していなかったため、開戦直後に輸入品の糧食を大量確保することとなった(41)。この反省から明治三十年三月十二日陸軍中央糧秣廠条例が公布され、同年四月に「陸軍中央糧秣廠宇品支廠」が広島市宇品町の沿岸部に設置された(42)（図３）。当時の地元新聞では様々な呼称が使用されており、図４では「宇品陸軍糧秣予備倉庫」とある(43)（明治三十五年の陸軍糧秣廠条例の施行に伴い「陸軍糧秣廠宇品支廠」と改称され、それ以降も名称が幾度となく変更されたが、以後本章においては「宇品支廠」と表記する）。

「陸軍中央糧秣廠条例」第一条に記された、糧秣支廠の役割は「陸軍出師準備用糧秣の製造、調弁、度支、貯蔵、新陳交換の事を掌り且糧秣に関する試験を行ふ(44)」ことであった。この時点において糧秣品は「陸軍出師準備用」という言葉が示すように、戦時に出兵部隊が必要とした食糧のみに限られていた。しかし、当時広島市内には砲兵連隊・輜重隊（補給部隊）・工兵大隊などの大規模な部隊があ

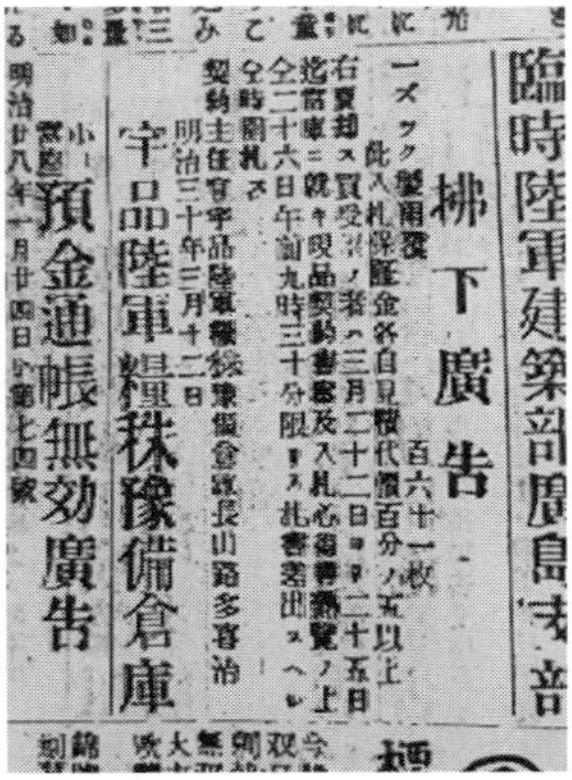

図４　当時の地元新聞『中国新聞』明治30年3月12日6面

り、さらに陸軍地方幼年学校や陸軍病院・検疫所なども点在していたため、多くの兵員が常駐していた。よって戦時の糧食のみならず、平時の糧食も必須となった。

そこで明治四十一年、「陸軍糧秣廠条例」を改正公布し「陸軍糧秣品の調弁、製造、貯蔵及補給を掌り且糧秣に関する試験を行ふ(45)」という内容に変更された。これにより平時の糧秣の生産と同時に、戦時の食糧を常に貯蔵する機能が追加された。また「本廠長は陸軍大臣に隷し糧秣廠の業務を掌理す(46)」ともあることから、宇品支廠は陸軍大臣直属の機関であったことが分かる。

設置当初の就労状況や調弁の様子についての記録は少ないが、「当時獨逸にて最新式の称ある護謨巻締機械（ゴム巻締機）を据付け、男女百二十人の職工を使役し、四十年頃より牛肉缶詰の製造を開始した(47)」とされている。この「護謨巻締機械」を活用した製造技術は、のちに民間業者にも導入されることとなった。

第二項　日露戦争勃発時の軍需

明治三十六年十二月十八日、日露両国の緊張が一段と高まり、陸軍は臨時派遣隊を編成して韓国に出兵することを決定した。同日に、第一次出征師団（第十二、近衛、第二師団）の糧秣を韓国内であらかじめ蓄積することとなり[48]、糧秣品の運搬は「出征部隊に対し一個月分の糧秣を宇品（集積場）に貯蔵し出発の際十日分を船積とすること残り二十日分は追送用とすること」[49]とした。『日露戦争の軍事史的研究』には当時の糧秣調達に際し、特に遵守されていた四原則が記載されている[50]。

一、正貨流出を防ぎ内地産業の発展をはかる目的をもって、もっぱら内地品を需用し、やむをえないばあいのみ外国品を調弁すること。

二、供給者は生産者、製造者および当該営業者に限り、また成るべく供給地を全国にわたらせて軍資金の撒布区域を広範ならしめること。

三、調弁の数量および時期を秘密にする必要があるものは会計法第二四条第二号によって随意契約をすること。

四、外国品は主として内国人（日本国籍を持つ人）の貿易商に命じ之を輸入せしめ、其の価格は原価、運賃、保険料、関税、利子、其の他の諸掛の実費および五分以下の手数料を合算して定めること。

右記の通り、陸軍は原則として内地供給により軍用食糧を調達することとしていた。しかし需要の増加に伴い、すでに原材料が欠乏していた（表2）。非常時の副食は牛肉缶詰が大半である中、畜牛が不足したため実際に南予地方の闘牛まで使用される事例もあった。牛肉を輸入することも視野に入れられたが、日清戦争時舶来の缶詰が必ずしも日本人の味覚に合うと言えない状況であったことや、正貨流出による経済的損失が起こる可能性も憂慮され、陸軍は内地における対応を迫られた[51]。同月二十三日には、外松孫太郎陸軍経理局長によって軍需品供給信用組合（合資会社）設置案が上申され、組合員として三井物産、大倉合名、福島合名、桜組、賀田組の五社が指名された。しかし、寺内正毅陸軍大臣が当初、全ての副食物を陸軍糧秣廠に調弁させる考えであったためか、設置案は白紙となってしまった[52]。

その後、戦争の長期化により糧秣廠の生産能力では調弁が追いつかない状況となった。そこで牧朴真水産局長は、民間製造業者が水産物缶詰を作ることを寺内に提案した。寺内は牧の進言を採用し、民間の缶詰製造業者の監督には水産局が当たることとなった。明治三十七年三月、水産局は水産物缶詰の製造工程や梱包方法、品質検査の心得等を、各地方長官に通知した。また翌月に、水産技師を東京に集め指導を行った。水産局の指導のもとで民間の水産物缶詰を供給したのは、明治三十七年四月から翌年九月までの約一年半で三府一道三二県と朝鮮にわたる一一六箇所の製造所において行われた。供給総額は五三七万円余りに達した[53]。

それでも開戦前の糧秣廠の調弁機能は依然十分とは言えなかった。調弁能力の向上を求められた糧秣廠は、明治三十七年二月、兵庫県に糧秣倉庫（のちに兵庫派出所となる）を設置した。また翌月に本廠大阪派出所を設置した[54]。設置理由については、陸軍省経理局から陸軍

表２　日露戦争期における牛の飼育数と屠殺数（頭）

年	屠殺数	飼育数（乳牛を含む）
1902年	206,030	1,275,381
1903年	233,570	1,286,116
1904年	296,971	1,200,135
1905年	208,615	1,167,610
1906年	167,458	1,190,373

出典：『農商務省統計表』各年次より作成。

大臣へ提出された「糧秣廠派出所設置の件」で次の様に述べられている。(55)

> 時局の発展に伴ひ、糧秣諸品の購買を要するもの頗る巨額に上り、糧秣本廠の所在地及其附近の地のみにては到底其の全部を調弁し難く、既に関西地方より多数の供給を仰ぎつつあり、従て其資源及価格の調査並に製造場実地臨検等の為、時々本廠より職員を出張せしめつつあるも、此等の調査及検査は常続的に行ふを要するものして、一時出張的の事業としては其の成果全からす常に隔靴掻痒の感あり、今、若し師団経理部を之か調弁に従事せしめん乎、直接糧秣廠に於てするものに比し最近の実験上其の結果亦良好ならず、然るに今後出兵増加の暁には、糧秣諸品の購買一層巨額となり、益々多量の供給を関西地方に仰がざるを得ず、依て百貨輻輳商業殷盛なる大阪市に糧秣廠派出所を設け、該市の冨源に因て以て糧秣諸品の一部を充たし、該派出所の職員をして絶えず資源の状況及価格の高低を調査し、且つ製造場の実地臨検を行はしめ、以て糧秣諸品の調弁上遺憾なからしむるの必要あるに由

右記の通り、大阪派出所が設置された理由に、戦闘の長期化により西日本の糧秣が欠乏し、調弁が間に合わない状況になったことが挙げられる。

こうして糧秣廠は、陸軍糧秣廠（東京）、宇品支廠、糧秣廠門司派出所（明治三十四年設置）、同兵庫派出所、同大阪派出所の五地点の機能を活用することとなった。開戦準備段階から明治三十八年九月までに、糧秣廠全機関が調弁した糧秣の一覧は表3の通りである。調弁した量については、精米一九一万九五九〇石・玄米三一万六五六〇石・重焼麵麭七二一万一六二九貫・通常缶詰七六二万七九六〇

表3　日露戦争時に糧秣廠が調弁した糧秣品・給養器具

糧食品・嗜好品等	馬糧	給養器具等
精米・玄米・重焼麵麥・通常缶詰・携帯缶詰・干物野菜・乾燥野菜・生野菜・果物・漬物・梅干・福神漬・粉味噌・醤油エキス・通常食塩・携帯食塩・茶・糯米・糒・麦粉・種麹・砂糖・塩干魚肉・清酒・葡萄酒・紙巻煙草・甘味品	大麦・燕麦・麥・干草・挽割麦・切藁	薪・久保島式搗精器・井戸掘用具・炊具（甲・乙号）・エキス製造機械・缶詰肉製造冷却器・茶圧搾器・（同原動機）・ズック精米袋・飯布・大柄杓・鉄鋼柄杓・釣瓶・塵紙木炭・沸水釜・採薪器・重焼麵麥製造機・錬鉄平釜・銅平釜・味噌製造釜・鉄竈・中釜・二ツ組米洗桶・三ツ組米洗桶・炊具用雨覆・棕櫚藁縄・カマス・米袋・麴室用釜・牧草種子

出典：陸軍省編『明治卅七八年戦役陸軍政史』第一巻・『明治卅七八年戦役陸軍政史』第六巻から作成。

貫・携帯缶詰三五五万一四六七貫にも上った。[56]

また開戦当初の集積量については、「宇品糧秣支廠に貯蔵の糧食品は約混成一旅団の一個月分あり（精米千三百四十五石）[57]」とされていた。日露戦争は約一年七カ月に及んだが、日本から投入した戦力は第一軍から第四軍で、旅団で数えると計二十一個旅団である。通常規模の旅団を想定した場合、二十一個旅団が一年七カ月間に消費する精米は、約五三万六六五五石となる。それでも、日露戦争時に糧秣廠全機関が調弁した精米一九一万九五九〇石には到底届かない。日露戦争時、陸軍において消費された精米は、当初計画していた量のおよそ三・五倍に相当する量を調弁したのである。当初想定されていた各種糧秣品の調弁規模は、表4の通りである。このように膨大な糧秣品の船積載は宇品支廠によって行われ、宇品港から戦地へ送られていった。

しかし、糧秣品の運搬は陸軍のみでの対応ができなかったため、陸軍は三井物産や大阪商船といった民間の船舶に頼ることとした。『明治卅七八年戦役陸軍政史』によると「来る二十日迄に宇品に到着し糧秣廠宇品支廠長と協議の上三井物産会社の阿蘇山丸に大麦七千石を搭載し搭載終れば同船に乗込み仁川に直航すべし[58]」とある。

表4　日露戦争動員前に保有していた軍用糧秣の量

	品目	動員前現在高
糧食	精米	18,926 石
	糒（ほしいい）	12,017 石
	缶詰獣肉	257,050 石
	福神漬	1,362 石
	梅干	19,362 石
	醤油エキス	10,286 石
	食塩	14,178 石
馬糧	玄米	869 石
	麦類	49,159 石

出典：陸軍省『日露戦争統計集』第14巻第十六編より作成。

また、糧秣品の調弁についても民間工場からの協力を得た。広島県内における缶詰の生産量と総額について見ると、日露戦争前の明治三十六年の県内製造数量が約二四九万個、生産総額が約三五万円だったのに対し、開戦した翌年の明治三十七年には約七四九万個、約二一三万円となり、数量は前年の三倍、生産額は六倍に跳ね上がった（表6・表7・図10）。宇品支廠が糧秣品の調弁と輸送に際し、民間業者や商社等からの協力を得た結果、激戦の中で糧秣が十分に行き渡っていたとは言い切れないが、多種多様な糧秣を戦地へ持ち込むことができたのである。

こうして、日露戦争時の内地における軍用缶詰の需要は、日清戦争時の九倍以上である約二三〇〇万円となり[59]、また陸海軍における糧秣品（現地調達品や輸入品も含む）の購買総額は、梱包材料を除いて二億四五七六万三三二五円にまで上ったのである[60]。

第三項　日露戦争終結後の宇品支廠

明治三十八年頃、宇品支廠長井上徳治郎の依頼を受けた米穀問屋熊谷栄次郎は、搗精工場を設置した。この搗精工場は、明治四十年七月に宇品支廠が買い上げ、翌年から稼働が開始され、宇品支廠の米麦調弁を担った。搗精工場は宇品御幸通りの西側に位置し、拡張を経て一万二〇〇〇坪の敷地を有していた。平時の一個師団兵力は約一万人（戦時の動員の場合は平均約二万五〇〇〇人となる）と言われている。一万人が米麦を毎日消費するためには、莫大な量を補給しなければならない。搗精工場の生産量の、明確な推移は不詳ながら、明治四十一年から大正五年（一九一六）までの約九年間に宇品支廠で購入した玄米の総石数は約二五万石、裸麦は一三万石にも達した。調達地域は広島県内だけでなく、兵庫・岡山・愛媛・山口などの複数県に及んだ。個々の生産者との直接的契約は困難であるため、産業組合や仲介業者を介して購入した。

また、明治四十年は宇品支廠内に缶詰工場の設置が計画された年でもある。明治四十四年に「宇品支廠内缶詰工場」が完成し、規模は搗精工場と併せて八万坪以上の広大な敷地を有することとなった。牛肉缶詰の製造は、これ以前から糧秣本廠内の工場でも行われており、日露戦争時に規模が拡張されていた。しかし、同戦時には本廠の生産だけでは追いつかず、民間製造業や水産局の力に頼った。こうした経緯から宇品支廠内にも工場を設置することになったものと思われる。その後、本廠内工場は大正十二年の関東大震災で被災したことで、それ以後は醬油エキス缶詰のみの製造が行われることになってしまった。牛肉やその他の缶詰は専ら宇品支廠で製造されることとなった。

軍用缶詰の規格には戦用品と常用品の二種類あり、宇品支廠内で製造されていたのは戦用品のみであった。戦用品は出征部隊で消費される物、常用品は平時の部隊で消費される物を意味している。戦用品としての缶詰の保存期間は六年、その他品質規格も厳しく設定されていたが、常用品の規格は比較的ゆるやかである。そのため大正時代の常用品の缶詰は、保存期限を過ぎた戦用品「戦用繰下品」を用いるか、民間の缶詰工場で製造されたものを各部隊で購入し、数量を確保していた(61)。図5は戦用品の規定を示したものである。

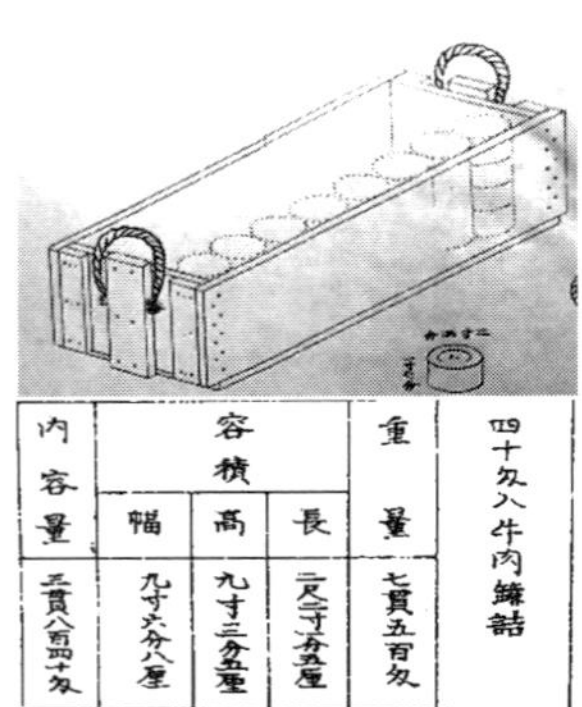

図5 「糧秣梱包法」
出典：陸軍省編纂『明治卅七八年戦役陸軍戦政 第一巻』から引用。

第三節　糧食製造による産業形成

第一項　関係機関の連携と製造状況

日清戦争期の軍用缶詰の多くは、民間業者によって製造されていたが、国内技術の未熟さや商品知識の欠如による品質の悪さなどにより、健康被害の報告が見られた(62)。また、明治期は全国的に脚気が流行し、多い時は年間一万~三万人が亡くなったとされる(63)。

これらの経験から陸軍は、多種多様な食糧を調弁すると同時に、より高栄養価で高品質な保存食を得ることを重要視した。陸軍糧秣廠は、品質検査を通過した民間製品を調弁するよう徹底した。また糧秣廠の検査を通過する民間製品を増やすために、業者同士が製造工程を一律に揃えることや、一定水準の品質を保つことが必要であった。

そこで明治四十一年に食品研究所として広島県工業試験場が設置された。ここでは当初、染色・織物・化学部門があるのみであった。明治四十五年二月には農商務省認可の下、広島缶詰製造同業組合が結成された。結成後、組合は缶型や内容量の統一を行い、円滑な製品取引を実現した。また同年、組合は広島市屠場の屠牛時間を缶詰製造時間に合わせて繰り上げるよう市長に要望している。さらに大正十三年になると、広島県へ食品研究所の設置を請願し、翌十四年には広島県工業試験場へ新たに缶詰部が置かれた。これ以降工場試験場では、缶詰を製造している労働者の実地指導や伝習生の養成といった人材育成へ注力すると同時に、加工食品の研究・試製も行われた。こうして同業組合の活動は専門性を高めていったのである。

また、この時期は価格競争の影響もあり、低品質な商品が一般でも流通していたが、これは海外向けの輸出品にも波及した。明治三十九年、アメリカで「純食品及薬種取締法」(Pure Food and Drugs Act)が制定され、粗悪品の取り締りが強化された。施行細則の第三十二条に「輸入食料品には、アメリカ農務大臣を満足させるに足る公の検査証明書が必要であり、証明書には検査者の地位と検査の性質を表示する」という内容の条項が記載された。しかし、当時日本には公的な検査機関が無く、また国内消費者の商品に対する信用度も下落したことで、広島の缶詰業者も打撃を受けた。そこで明治四十三年から広島県庁内で検査事務が開始された。この時、広島県知事宗像政は外務省に対し、検査事務の内容を関係機関へ周知させるよう依頼した。これを受けた外務大臣小村寿太郎は、ニューヨーク・ハワイ・サンフランシスコなどのアメリカ領事宛てに周知文書を送り、日本の食料品の輸入を促進させるよう働きかけた。これがきっかけで、輸出品のみならず国内向け製品の検査も行われるようになり、大正十四年四月には三條町（みささきまち）にあった縫針検査所と合併する形で広島県商品検査所が設置された（缶詰部門の検査場所は県庁内のまま）。当初、諸外国から一定の製品評価を得ることを目的に設置された検査所であったが、最終的に多くの広島市民の食卓を支えると同時に、広島の民間業者の発展にも大きく貢献することとなった。検査数の増加により、昭和二年（一九二七）には検査技師を増員し、製造者から検査手数料を徴収するようになった。[65] また宇品支廠内でも同様のことが行われ、こうして同業組合と宇品支廠は相互に影響し合い発展したのである。

さらに製造状況も大きく変化していった。明治四十四年六月、宇品支廠内に宇品陸軍糧秣支廠缶詰工場が開設された。ここでは軍需品として重要視されていた牛肉大和煮缶詰のみを製造した。

缶詰業者同士が製造工程を一律に揃え、一定水準の品質を保つことが必要であることはすでに述べたが、実際に宇品支廠と民間工場は図6の製缶ラインを揃えていた。宇品支廠開設当初にはドイツ製のゴム巻締機が導入され、また大正十二年頃には自動製缶機一ライン、ジョンソンシーマ二台、そして昭和五年に真空巻締機を導入するなど、日本において先端の設備を採用していた。宇品支廠による設備導入や支廠内で行われる製品の試験や研究、軍納品に関する業者への指導や会議等を通じ、広島の缶詰業界も大きな刺激を受けていた。実際に使用されていた機械を見ると、宇品支廠と民間工場の

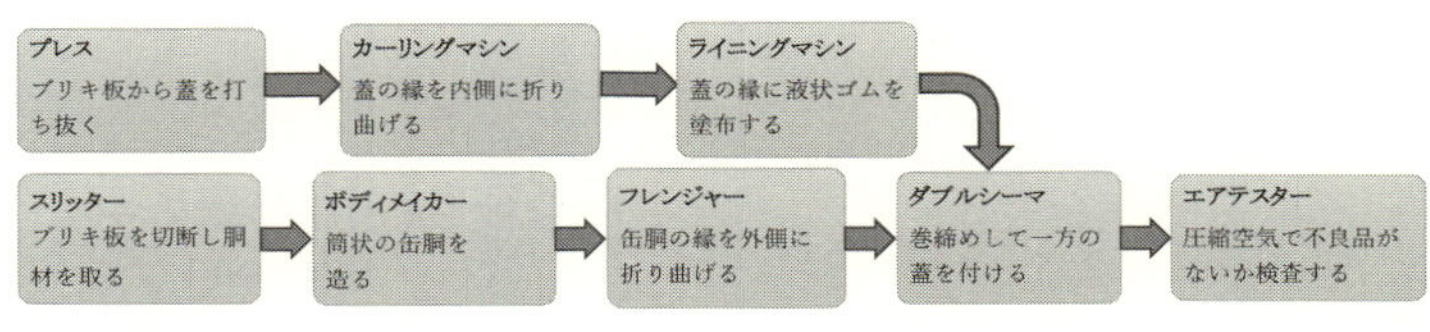

図６　製缶ライン
出典：谷川英一『缶詰の科学』（生活社、1941年）を参考に作成。

双方が使用していた機器が数多く存在する。

製造に伴い、牛を屠殺（とさつ）・解体する食肉処理場も設置され、原材料の加工技術も向上した。また、製造した缶詰のうち余剰となる製品は富国煮として、糧秣廠の外郭団体である糧友会を通して、一般向けに販売していた。宇品支廠は、平時において牛肉大和煮缶詰を自工場で製造し、魚肉大和煮缶詰を民間業者から購入していた。戦時には、軍での必要量全ては賄えないため、各種の缶詰を民間業者から納入させた[66]。

第二項　労働環境の整備

保存食製造を担っていた缶詰工場の労働環境について、日本銀行調査局の大正十三年「広島缶詰に関する調査」では次の様に記されている[67]。

（現代語訳）

大正十四年四月現在、広島県内にある缶詰工場の数は四〇箇所となっている。呉市にある高須工場を除き、そのほとんどは広島市内に集中している。工場はおおむね小規模であり、工場法の規定を満たす場所は一四箇所しかない。工員の人数は季節によって変動はあるが、少ない時は五、六人程度、多い時は六〇人ほどで、そのうちの過半数は女性工員である。大正十二年末の（広島県内）状況は次の通り（表5）である。

工場はみな小規模であるが、これを他の府県の同業と比較してみると、大正十二年度において生産額一位である北海道では製造業者六五箇所、工員数二、四三五人、一工場平均三七・四人であり、また生産額第三位の京都府では、製造業者六二箇所、工員数五三八、一工場平均八・七人となっている。これらを見ると、我が国における缶詰業は全体的に小規模であることが推測できる。

右記より、明治四十四年に公布された「工場法」が適用されていた缶詰工場の数は非常に少なく、当時の就労環境は良いと言い切れないものであったことが分かる。就労時間や給与、休憩時間等は各工場の裁量によって決められていることがほとんどであったため、缶詰工場に限らず他業種の工場でも、労働者が労働災害に見舞われる可能性があった。

表5　広島県内缶詰製造業者統計（大正12年末）

	工場数（戸数）	職工数（人）			一工場平均（人）
		男	女	計	
総工場	36	278	374	652	18.1
工場法適用工場	13	211	240	451	34.7
同　不適用工場	23			201	8.7

出典：広島県『広島県統計表』を基に作成。

また大正十二年末の広島県内缶詰製造業者の統計によると、職工の過半数が女性であることが分かる。その他の年における雇用状況は表6・表7・図10にて記載しているが、いずれの年も女性工員を率先して雇用していることが窺える（表5）。

このような民間工場と比較し、陸軍の工場の就労環境は非常に充実していた。大正九年に公布された「陸軍職工規則」において、陸軍の工場で働く職工の労働条件や待遇が明確に定められていた（図7）。これには定年が定められており男性工員は五十五歳、女性工員は五十歳となっていた。また先ほど述べた労働時間については、通常一〇時間（十六歳未満は九時間）とされた。労働時間に増減はあったものの、十六歳未満の者と女性工員については一一時間を超えてはならない規定であった。また図8で示したように、宇品支廠内缶詰工場には男女別で工員用休憩室も設けられていた。

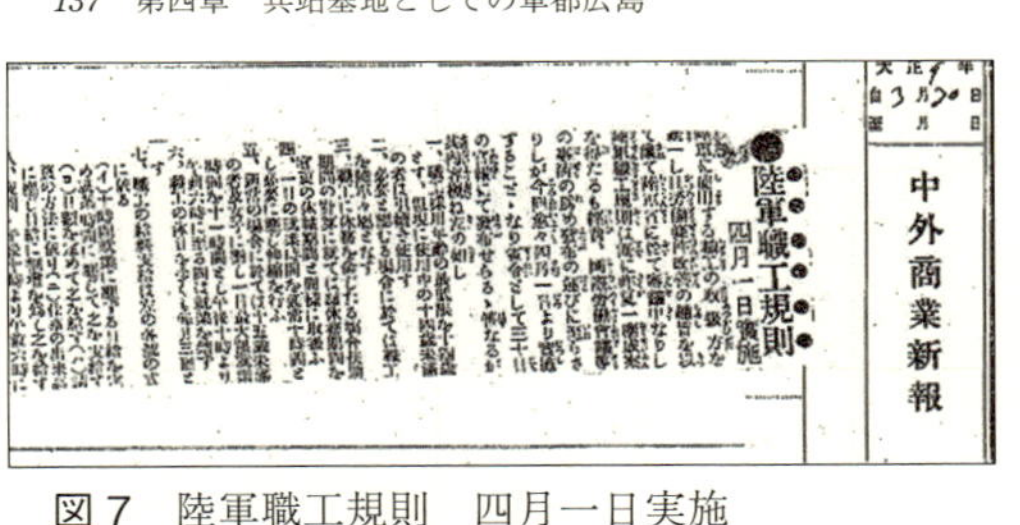
中外商業新報

陸軍職工規則　四月一日實施

図7　陸軍職工規則　四月一日実施
出典：『日本産業経済新聞 中外商業新報』（1920年3月30日、神戸大学附属図書館、神戸大学経済経営研究所新聞記事文庫「労働問題（14-95）」所蔵。

その他休憩時間の規定、忌引や労働災害による欠勤の扱いは現代とほぼ同じであった。現代の出産休暇と似た制度もあり、雇用形態は当時としては非常に充実していたといえる。

特に、陸軍工廠については託児保育所と診療所を敷地内に設置することが義務付けられていた[68]。これに倣い大正九年、宇品支廠も敷地内に託児保育所を設置したのである。これにより女性労働者も安心して従事できる環境が設けられた。しかし、設置当初は予算不足のため、工場内に畳三畳ほどの狭い空間しか設けることができず、預けられる乳幼児も数人程度であった。また採光・通風等も不十分であった上、工場内にあったことで作業中に親子が顔を合わせる機会が多く、作業能率に影響が出てしまった。その後、託児保育所は時期によって規模や設置場

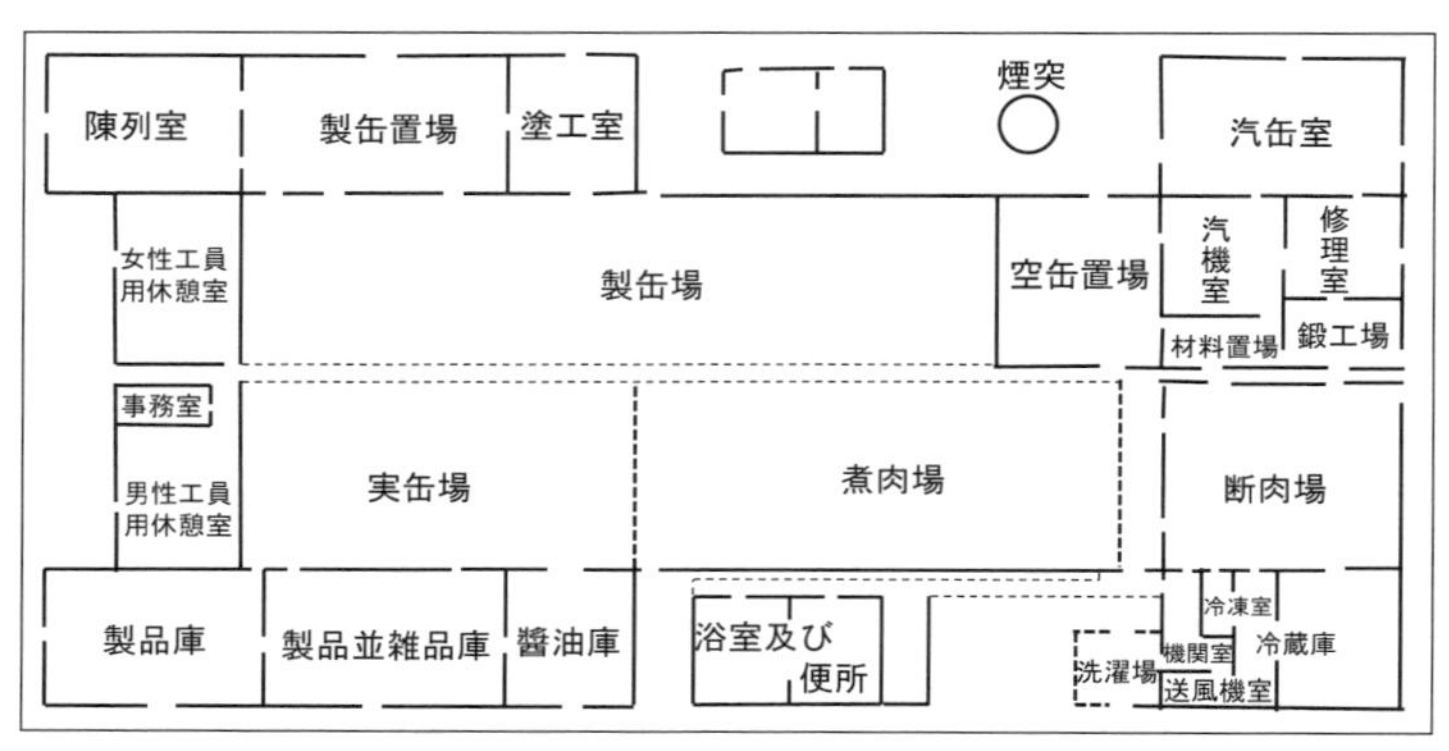

図８　宇品糧秣支廠内缶詰工場略図（昭和18年）
出典：広島市郷土資料館編刊『写真が明かす糧秣支廠の姿――糧秣支廠写真集――』を基に作成。

所に変更がなされ、少しずつ託児環境が変化していった[69]。図9の宇品支廠構内図によると、当時の託児所には独立した建物が充てられていたことが分かる。大正十年に定められた「陸軍糧秣廠職工託児保育所規定」によると、子どもたちは乳児部と幼稚部にクラスが分けられていた。乳児部は「生後二ヶ月より同二か年に達する」者とし、幼稚部は「乳児部を離れたる日若しくは新に入所の日より学齢」までの幼児を預かっていた[70]。年齢ごとに所属クラスを分ける仕組みは、大正期の陸軍において考案され、今の幼児保育に繋がった。

また民間工場においても、昭和期頃から託児所の設置が少しずつ進められた。大規模な工場を有していた松浦[71]商店に託児所が設けられていたことが確認できる[72]。さらに、この工場には医務室や娯楽室も設置されていた[73]。その点に関しても宇品支廠と共通しており、支廠内でも定期的な運動会や節目ごとに祭

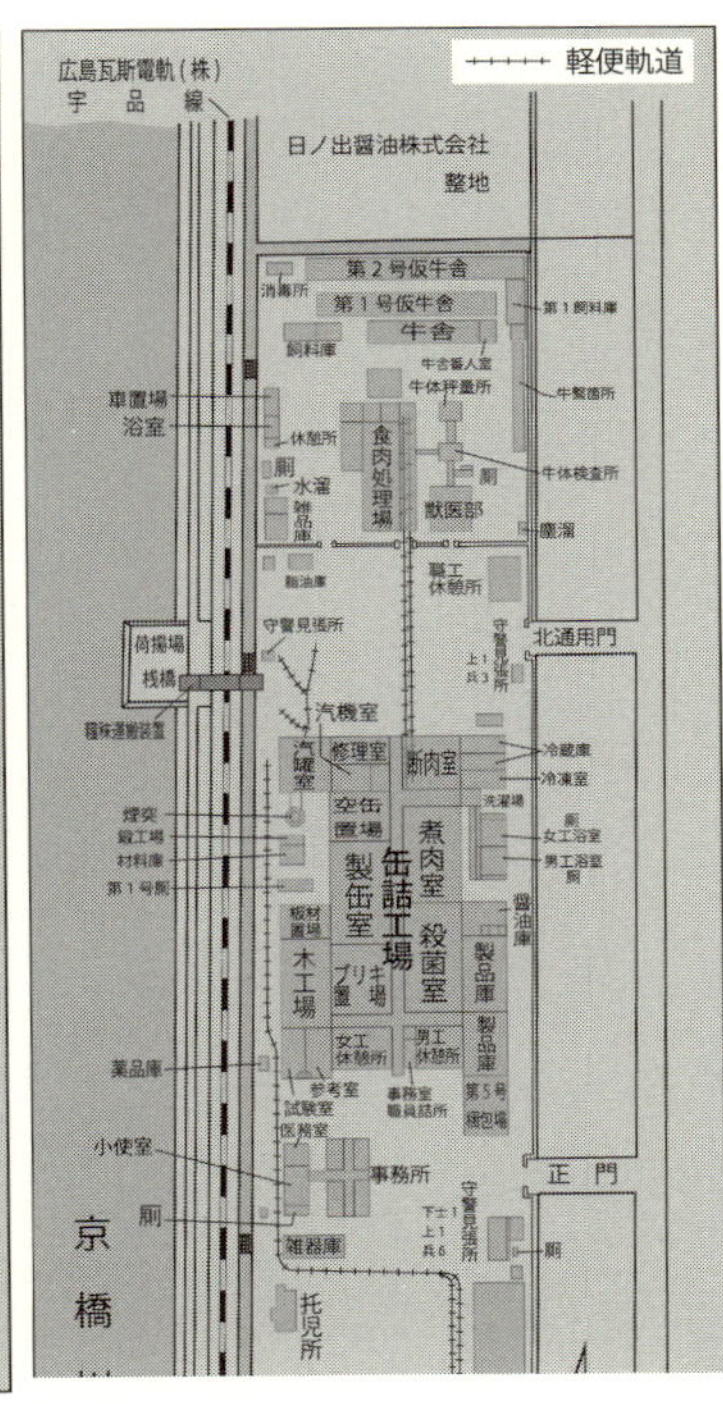

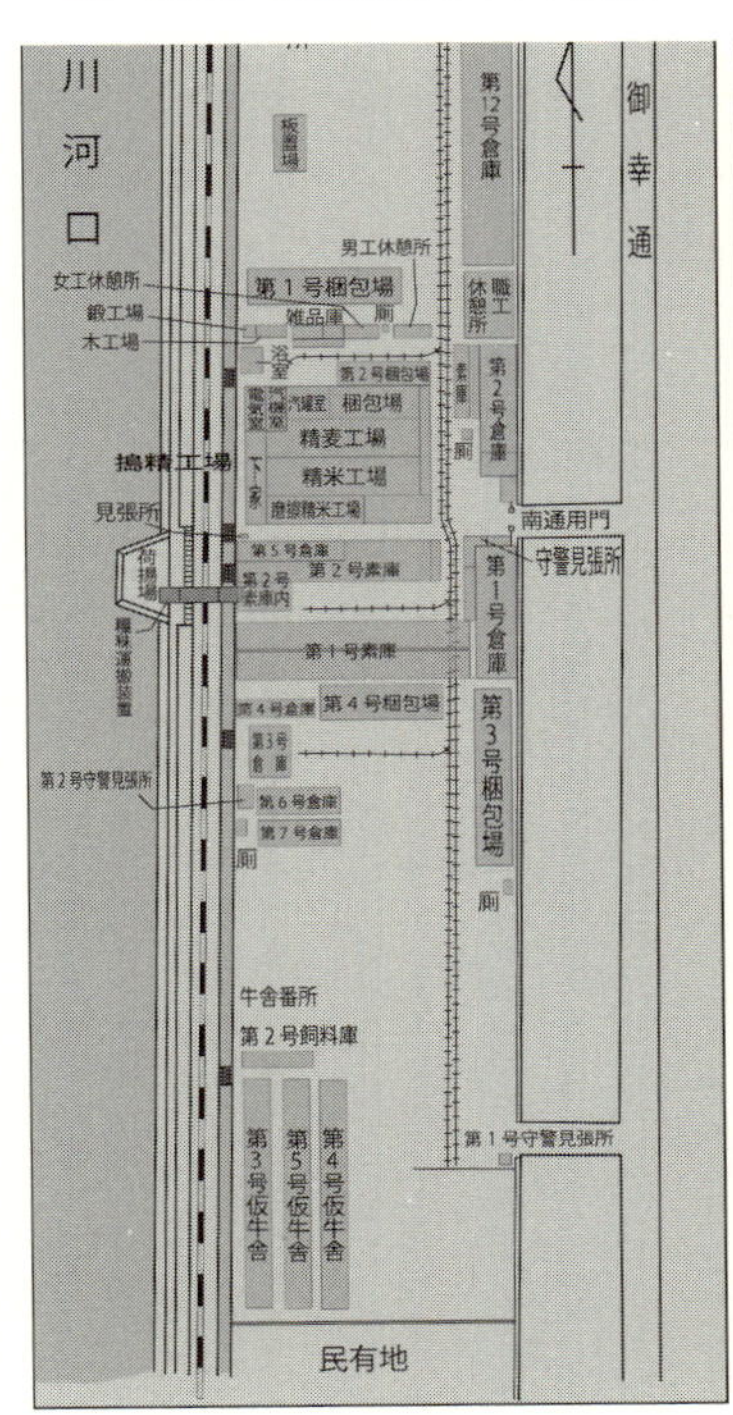

図９　宇品支廠構内図（広島市郷土資料館蔵）

典が行われていた。

宇品支廠では大正十五年四月一日に創立三十周年記念祭が催され、労働者とその家族、地元住民たちが大相撲やテニス、落語や軽業といった遊戯を楽しんだ。また同日、宇品支廠が創業以降屠殺してきた牛約七万頭を慰霊する「牛魂祭」が行われ、県知事や広島市長なども参加した[74]。このように、労働者とその家族が積極的なコミュニケーションをとり彼らの心身ケアを行うとともに、工員たちの遊戯にチームプレイを盛り込

表6　広島県の缶詰生産量等の推移(明治27年～昭和11年)

年	宇品支廠関連のできごと	製造戸数	男工数	女工数	職工数	缶詰生産量	
						数量	価格(円)
明治27年	日清戦争に際し宇品海岸に糧秣倉庫32棟建設						
28年							
29年						4,800 個	6,521
30年	宇品支廠設置						
32年		10	74	100	174	1,076,706 個	201,067
33年	北清事変	16	138	168	306	3,332,788 個	470,121
34年	門司派出所設置	15	72	99	171	1,875,741 個	285,961
35年	庁舎及び糧秣倉庫改築落成	11	56	75	131	1,807,186 個	299,058
36年	日露戦争	15	94	145	239	2,492,671 個	353,224
37年	同上	18	279	668	947	7,480,805 個	2,133,815
38年	日露講和条約	19	177	464	641	7,268,918 個	1,163,280
39年	宇品町御幸通りに陸軍倉庫を新築	21	153	440	593	1,621,922 個	599,157
40年	搗精工場開設	15	95	121	216	1,695,050 個	472,663
41年	平時用糧秣補給を開始	13	116	216	332	3,014,605 個	872,984
42年	大阪市大火災に際し被災者救護参加	28	213	286	499	6,379,508 個	1,017,437
43年	東北地方津波に際し被災者救護参加	30	160	226	386	5,847,406 個	1,142,900
44年	廠内缶詰工場開設	29	175	206	381	8,237,299 個	1,453,186
大正元年	缶詰製造同業組合設置	28	159	342	501	8,784,359 個	1,711,801
2年		26	154	324	478	8,937,513 個	1,624,480
3年	第一次世界大戦	29	159	342	501	7,682,477 個	1,487,280
4年	同上	27	154	321	475	824,253 貫	1,350,213
5年	同上	25	335	164	499	830,148 貫	1,476,885
6年	同上	25	118	169	287	1,003,023 貫	1,716,271
7年	同上	27	122	168	290	539,377 貫	2,403,671
8年	ヴェルサイユ条約	26	139	206	345	781,986 貫	4,719,965
9年	陸軍職工規則公布支廠託児保育所設置	23	140	239	379	470,299 貫	2,684,758
10年	陸軍糧秣廠職工託児保育所規定	41	221	277	498	646,703 貫	3448,556
11年		46	230	375	605	118,477 貫	3,544,336
12年	関東大震災に際し被災者救護参加	36	278	374	652	1,465,548 貫	3,724,216
13年	支廠門司倉庫設置	37	257	348	605	1,767,812 貫	4,990,993
14年	広島県商品検査所設置	37	255	298	553	1,741,073 貫	4,177,724
昭和元年	創立30周年記念祭	31	208	217	425	1,654,740 貫	3,838,713
2年	山東出兵	31	190	188	378	987,557 貫	2,703,795
3年		34	191	230	421	1,276,244 貫	1,970,647
4年		33	164	222	386	1,303,682 貫	2,860,918
5年	廠内に真空巻締機を導入	35	179	217	396	1,304,015 貫	2,836,023
6年	満州事変	38	214	265	479	1,496,420 貫	2,950,844
7年		41	213	461	674	1,510,640 貫	2,718,233
8年		50	285	684	969	1,547,861 貫	3,547,259
9年	1月20日、高松宮宣仁親王が宇品支廠視察(昭和8年11月から約1年間、広島県呉市新宮町に居住)	50	303	825	1,128	1,679,168 貫	3,592,080
10年		58	420	1,357	1,777	2,022,603 貫	3,965,069
11年		55				2,870,773 貫	5,411,025

註:年によって缶詰の数量単位が変更されている。
出典:広島県『広島県統計表』を基に作成。

表7　広島県の缶詰生産量等の推移(昭和11年度〜昭和20年)

年	宇品支廠関連のできごと	製造戸数	缶詰生産量 数量	缶詰生産量 価格(円)	出典
昭和11年度			約10,047t	5,119,690	広島県『広島県統計表』
12年度	日中戦争(支那事変)	57	約16,066t	7,849,728	
13年度	国家総動員法公布	59	約15,656t	10,936,339	
14年度		59	約1,100,000函	約560,000	広島県広島工業試験場編『昭和十四年度・昭和十五年度　事業報告書』
15年度		59	約21,700,000函	約990,000	
16年	太平洋戦争勃発				
17年			518,273函	6,779,191	『昭和十七年度農商務省統計表　食料品工業統計編』・『昭和十八年農林省統計表　食料品工業統計編』
18年			42,927函	642,808	
19年					
20年	広陵中学校・広島女子高等師範学校附属山中高等女学校・広島高等師範学校の教員と生徒が動員中に、原子爆弾投下。爆風により窓ガラスが割れ、缶詰工場屋根の鉄骨が折れ曲がった。その後、すぐ臨時救護所となった。				

註:統計期間・数量単位が年ごとに異なる。また情報統制の影響により統計が不正確である。

むことで相互の団結力を養っていたと考えられる。

日露戦争以降、保存食製造を担っていた缶詰業者は、関係機関の連携体制を拡充し工員たちの技術向上を実現するとともに、宇品支廠に倣った開放的な就労環境を創った。これらの構造改革は、宇品支廠が民間業者の保存食を購入することで、製造者側が安定的な収入を獲得したからこそ実現されたのである。そして缶詰業界は、男女問わず多くの労働力を吸収し、雇用したことで労働者たちの生活を支えることとなった(表6・表7・図10)。

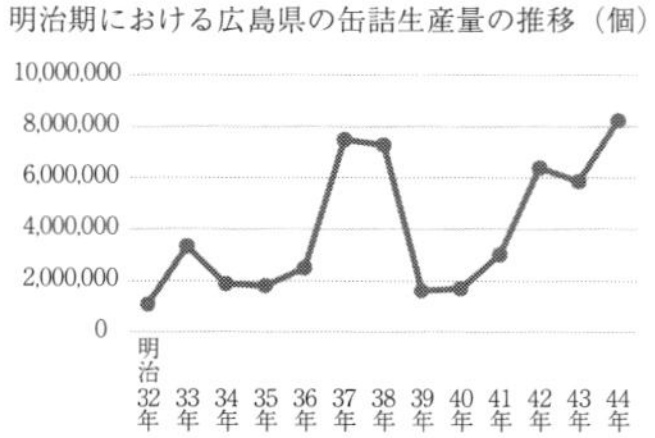

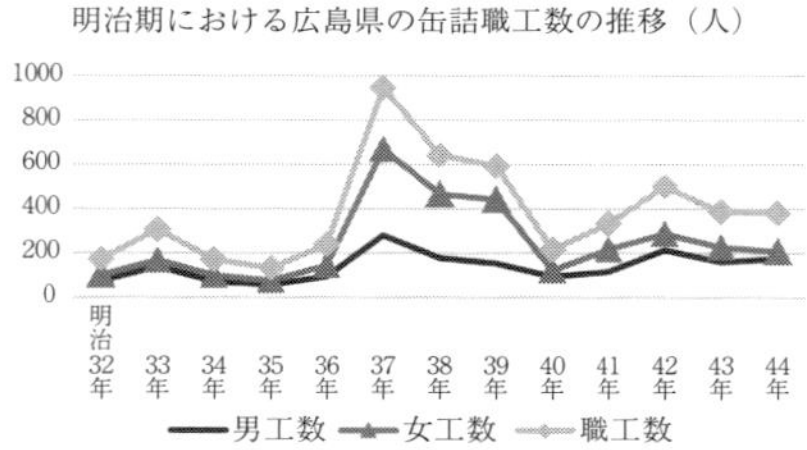

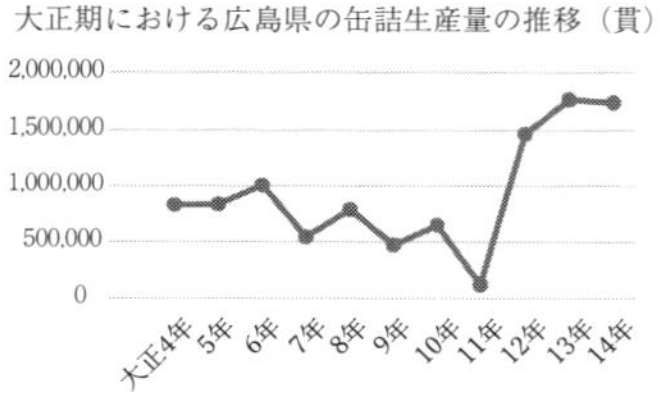

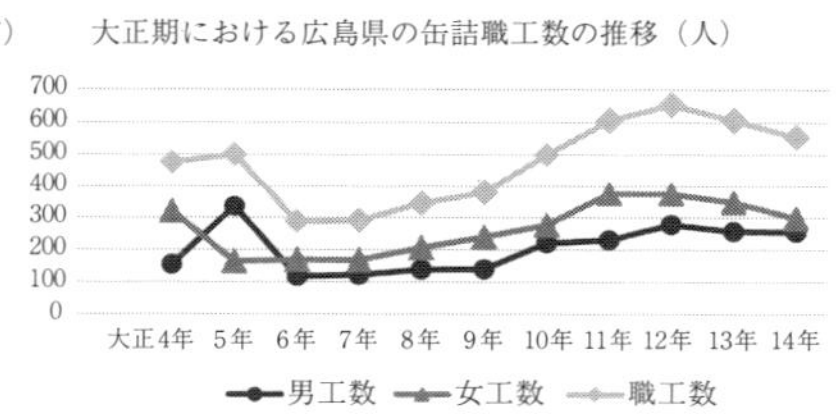

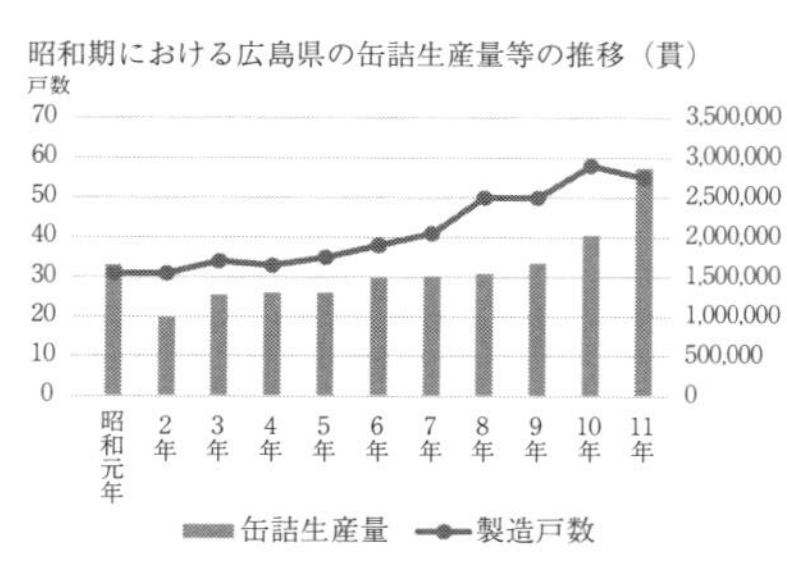

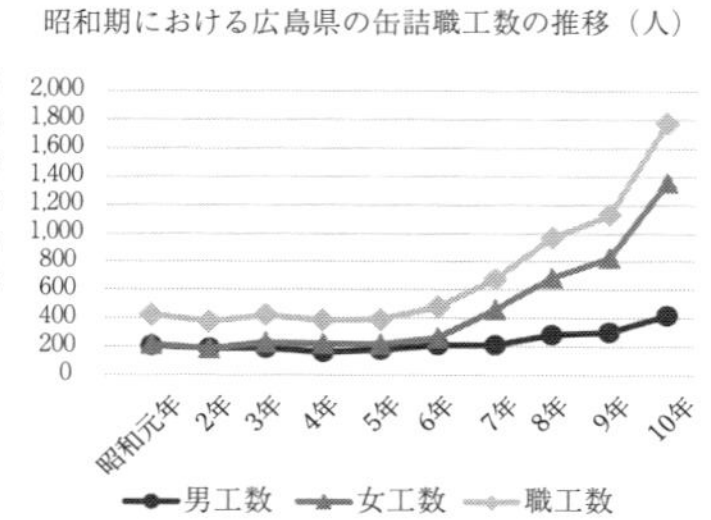

図10　広島県の缶詰生産量等の推移
出典：表6・表7を基に作成。

第三項　糧秣廠における研究と兵食教育

本節の第一項でも述べたが、兵食に起因する傷病兵を出すことは危惧された問題の一つである。陸軍は「軍隊の食事は栄養と主とし簡易を旨とすべし」[75]という考えの下、健康維持や体力向上のみならず士気昂揚につなげることのできる兵食を必要とした。そして食糧の軽量化のみならず、短時間かつ簡易的に行える調理方法を考案することも重要視した。そのため糧秣本廠では大正期以降、糧食、給養・調理器具、調理方法に関する試験と研究活動が活発となった。[76]

先鞭を付けたのは、大正初期頃まで陸軍内部に根強く存在した「梅干主義」という考え方を批判した陸軍経理部将校の丸本彰造であった。「梅干主義」とは、戦争の勝利には梅干の握り飯さえあれば十分で、食事にこだわるのは愚の骨頂であり何でも腹が満たされたら良い、とする考え方である。丸本は、諸外国が軍用食糧の研究を進めていることに注目し、こうした考え方を否定した。[77] 丸本の構想により大正十四年、「食糧及び調理に関する研究普及を図る目的」[78]で陸軍糧秣本廠の外郭団体として糧友会が設立され、団体炊事指導講習の実施や食糧指導雑誌『糧友』の発行を通して兵食の改善に貢献した。[79] 表8は『糧友』で実際に挙げられた、糧秣本廠における研究成果の一覧である。

また、大正初期において教育普及についても十分ではなかったため様々な取り組みがあった。当時海軍においては、兵食の調理を専門に担う炊事兵を常時置いていたが、陸軍では「梅干主義」が根強かったためか、兵食の調理を専門に行う兵はいなかった。[80] そのため炊事担当者の兵卒は食品や栄養素

表 8　糧秣本廠の研究成果(昭和 10 年頃まで)

研究項目	内容・成果等	糧秣廠関係者による文献
米麦	無砂胚芽米の研究と実用化	江守顕「軍隊補給米としての胚芽米の研究」(『糧友』第 3 巻 3 号、1928 年)、同「軍隊主食としての胚芽米」(『糧友』第 3 巻 6 号、1928 年)、同「胚芽米と其組成分」(『糧友』第 4 巻 1 号、1929 年)、丸本彰造「胚芽米の価値を信じて益々其食用をお奨めする」(『糧友』第 5 巻 5 号、1928 年)、糧友会編「胚芽米普及状況調査」(『糧友』第 5 巻 9 号、1930 年)、同「胚芽米の問題」(『糧友』第 5 巻 2 号、1928 年) ほか多数
携帯口糧	玄米・砂糖・鰹節・梅干を圧搾しブリキ缶で包装した糧食の開発	江守顕「携帯口糧とヴィタミン」(『糧友』第 2 巻 1 号、1927 年)、糧友会編「発明考案家は起きて陸軍はこうした携帯口糧を求めている」(『糧友』第 6 巻 11 号、1931 年)ほか
乾燥粉末食品	粉末にした味噌・醤油・梅干・スープなどの開発	向井重雄「粉末乾燥食品の進歩」(『糧友』第 9 巻 5 号、1934 年)ほか
極寒地用糧食	不凍携行食の開発	小山栄二「兎肉乾燥」(『糧友』第 12 巻 11 号、1937 年)、高橋博一「極北地で利用できる植物」(『糧友』第 17 巻 8 号、1942 年)ほか
熱帯用糧食	食材の即席栽培、食糧の腐敗防止の研究	磯金吾「熱地向特殊調理法」(『糧友』第 15 巻 4 号、1940 年)、佐藤八郎「熱地とビタミン問題」(『糧友』第 16 巻 10 号、1941 年) ほか
航空糧食	航空糧食、航空魔法瓶、不時着用糧食などの開発	有村善穂「航空機搭乗者の給養に就て」(『糧友』第 2 巻 5 号、1927 年)、寺師義信「航空糧食に就て」(『糧友』第 2 巻 8 号、1927 年)、川島四郎「航空糧食」ほか
パン	肉入パン、材料、製法、設備などの研究	阿久津正蔵『パンの科学』(糧友会編、1933 年)、第五師団経理部「半パン主食給與に関する実施成績に就て 第二報」(『糧友』第 10 巻 5 号 1935 年)ほか
野外給養機械・器具	揚水機、野戦清涼飲料製造車、野戦小部隊用炊具など多数	清水菊三「軍用食糧と給養器具の発達に就て」(『糧友』第 9 巻 5 号 1934 年)、第八師団経理部「野戦給養参考事項特輯 (『糧友』第 10 巻 10 号)」ほか
平時屯営炊事器具	焼物器、根菜菜切栽機、大根卸千突機、揚物機、パン焼竈などの開発	
調理技術等	調理技術、食品購買、栄養概念、食材などの研究	糧友会編『軍隊調理法』(同会、1928 年初版)、糧友会編『現代食糧大観』(同会、1928 年)、繁富保雄『食品の選択・栄養価計算早見表』(糧友会、1933 年)、糧友会編「軍隊・軍艦・工場で喜ばれるお料理」(『糧友』第 9 巻 3 号 1934 年)、
脚気・食中毒予防と衛生管理		柳金太郎「脚気の予防に就いて」(『糧友』第 6 巻 6 号 1931 年)、日崎平司「腐敗缶詰の細菌学的研究とその予防法」(『糧友』第 5 巻 10 月号 1930 年)ほか
兵員用以外の糧食	軍馬、軍用犬、駱駝(らくだ)などの飼料の研究	糧友会金沢支部「馬糧の藁を機械で切截して兵力の助かつた話」(『糧友』第 9 巻 11 号 1934 年)、江川恒雄「馬糧と人糧」(『糧友』第 5 巻 1 号 1930 年)、川島四郎・外岡和雄「軍犬の食物」(『糧友』第 9 巻 1 号 1931 年)ほか
その他、陸軍糧秣における視察状況		美藤正茂「高松宮殿下陸軍糧秣業務を御視察あらせらる」(『糧友』第 9 巻 3 号 1934 年)、糧友会編「秩父宮殿下陸軍糧秣本廠へ御成あらせらる」(『糧友』第 5 巻 12 月号 1934 年)

筆者作成

の知識がほとんど無く、また缶の開け方や保存方法、消費方法ですら知らないという状況であった。そこで糧秣本廠では「炊事調理を合理的にし、与えられた材料を一層有効に使用し、栄養に富み滋養ある食事を給与する」[81]ことを掲げ、大正九年に軍隊調理改善のための巡回指導を開始した。大正十五年までに全国全ての師団をまわり指導を行った。その後も全国の師団の炊事掛を招集し、調理技術とそれに調理概論・栄養概念・食物知識・炊事管理・炊事衛生学等の必要な専門知識を軍内部へ広く周知させた。また各衛戍病院の炊事掛も同じく招集し、患者食の講習を実施した。昭和二年になると炊事専務兵の制度が導入され、同四年の徴集兵より歩兵隊に炊事専務兵が当てられた。これにより兵食の調理は、従来の交替制の炊事掛から、常任制の炊事専務兵が行うこととなった。

これに伴い糧秣本廠では炊事専務卒の教育参考書として『栄養概念・食物知識』や『調理概論』等を編集・出版した。その後も、本廠では『軍隊調理法』や『炊事専務兵教育参考書』などの軍隊炊事教育に関する参考書を出している。例えば、「卵焼（オムレツ）」については準備する物とともに「卵を割りて器に入れ塩、胡椒にて味を付けヘット（牛脂）又はラードを敷きたる鍋にて焼きたるものなり其中に容る材料に依りて種々名あり」[82]と料理の説明が書かれている。続けて「牛肉、鶏肉等を問はす肉を細かに砕き味を付け之を卵の半煮へとなりたるに入れ包み込みて焼き返し又片面を焼く」[83]と調理方法も紹介された。こうして陸軍の食事事情は大きく改善するに至った。[84]

さらに丸本は、兵卒に対し円滑な兵食教育を実施するため、彼らが日頃から食物概念や栄養概念に触れる必要があると考えた。加えて、兵卒が入隊時点である程度の健康と体力を得ていることで、兵員の練度向上にもつながるとした。丸本はこれらの方策として、「日頃から各家庭で備蓄の習慣をつけておくことが大切である[85]」と説き、これを受けて陸軍糧秣本廠は、海外の事例を参考に家庭貯蔵ビンの研究開発を行った。大正十一年には試作第一号の保存ビンを完成させ、昭和二年から販売も行った。この間に大正十二年の関東大震災を経験していた市民は、保存ビンという革新的な物を前に備蓄意識をより一層高めた。結果として陸軍における兵食研究と教育は、最終的に市民生活にも波及したのである。

おわりに

宇品陸軍糧秣支廠は、対外戦争を考慮した兵站基地として「陸軍糧秣品の調弁、製造、貯蔵、補給を行い、且つ開発した製品の検査を行う[86]」役割をもって、缶詰の製造を始めた。糧秣品の調弁に際し、宇品支廠が民間業者の保存食を購入したことは、製造者側に安定的な収入をもたらした。そして経営状況に余裕が生まれた民間業者は、開放的な就労制度を有する宇品支廠に倣った職場環境を整えた。最終的に、この業界は男女問わず多くの労働力を吸収したことで広島市の経済を支えることとなった。

また、糧食に起因する傷病兵を出させない体制を築くために、品質検査・研究が行われたが、これは糧食用だけでなく市場に出る商品も対象であった。そのため、広島市内に駐在する陸軍第五師団や出征部隊の兵員たちの栄養状態が高水準となるだけでなく、市民の健康状態を守ることにも繋がった

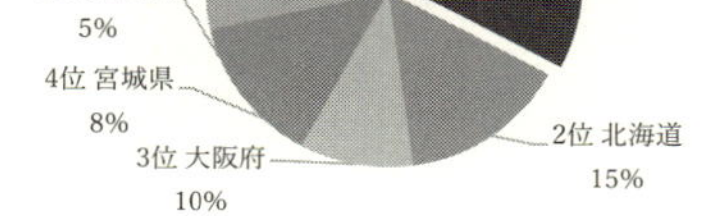

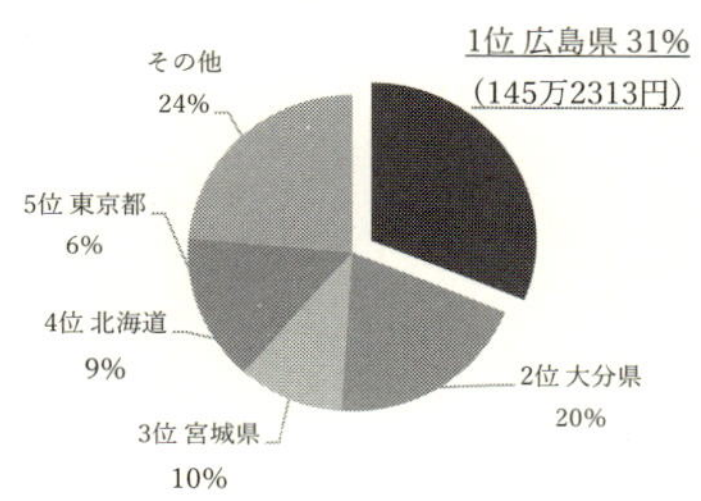

図11　缶詰・瓶詰の生産額における全国順位
出典：農商務省『明治42年・大正3年工場統計表 道府県別工場生産額 平均1日職工5人以上を使用する工場を調査』（国立国会図書館所蔵）

のである。

　このように、宇品支廠の創業は缶詰にとどまらず、あらゆる民間企業を牽引したことで市民のための労働環境整備、女性労働者支援、収入の安定、精神・身体の健康維持といった社会変革にまで波及し軍都広島の産業発展に大きく寄与した。

　しかし、昭和十三年三月に国家総動員法が公布され、「戦時に際し国防目的達成の為[87]」に「人的及物的資源を統制運用する[88]」こととなったため、広島の保存食は陸海軍向けの製造を優先とした総動員体制への構造変革を求められた。缶詰製造では空缶を入手できない業者が現れ、廃業や転業を余儀なくされたものも少なくない[89]。さらに、宇品支廠内缶詰工場は戦局の悪化に伴い機械を疎開させ、昭和二十年に生産停止となった。また貯蔵品も空襲による被害を避けるために郊外の農家へ分散、貯蔵された[90]。それでも陸軍における糧秣の調弁は常時行う必要があり、廃業を免れた製造業者によって保存食の製造が継続されたのである。

　そのような中、昭和二十年八月六日に原子爆弾が投下され、広島畜産や木村永進堂など、本市に集中していた工場は甚大な被害を受けた。[91] 終戦後昭和三十年代から四十年代にかけ、みかんや牡蠣缶詰の生産によって復興を遂げた広島の缶詰業であったが、全国的な生産量は中位に落ちた。[92] 缶詰の出荷量について令和三年（二〇二一）の都道府県順位は、第一位大阪府(二九・三%)、第二位静岡県(一九・五%)、第三位埼玉県(一二・三%)となっており、[93] 広島県が生産量一位であった頃の名声は失われた感がある(図11)。

かつて宇品支廠内缶詰工場として稼働していたレンガ造りの建物は現在、広島の郷土文化と産業発展の歴史を学ぶ「広島市郷土資料館」になっている。そして、同館の天井に残る曲がった鉄骨は、被爆の惨状を静かに伝えている。

註

（1）竹本知行『大村益次郎——全国を以て一大刀と為す——』(ミネルヴァ書房、二〇二二年)三四二—三四四頁。
（2）竹本知行「拡充される陸軍」(宮地正人・佐々木隆・木下直之・鈴木淳編『ビジュアル・ワイド明治時代館』小学館、二〇〇五年)二七二—二七三頁。
（3）日本缶詰びん詰レトルト食品協会『缶詰入門　改訂4版』(日本食糧新聞社、二〇二〇年)五頁。
（4）柳生悦子『史話　まぼろしの陸軍兵学寮』(六興出版、一九八三年)。
（5）同右、一〇〇頁。
訳「皆が言う、今日の飯は炊いてあるのかね。なんて粒が堅いんだ。この魚はなんでこんなにしょっぱいんだ。口が枉り(まが)そうだ。これはまたなんでこんなに冷たいんだ。水じゃないか。水ならなぜこんなに色がついているんだい。」
（6）同右、一〇四頁。

（7）同右、一〇四頁〔元の資料は神田孝平訳『和蘭王兵学校掟書』（九潜舘、文久元年）と見られる〕。
（8）同右、一〇〇―一〇四頁。
（9）「団体炊事の発達（一）」（糧友会『糧友』第十巻一号、一九三五年）七三頁。
（10）竹本知行「拡充される陸軍」二七二―二七三頁。
（11）兵士の食糧と軍馬のまぐさ。
（12）広島市郷土資料館編『近代の「兵食」と宇品陸軍糧秣支廠』（広島市教育委員会、二〇〇三年）。
（13）広島市文化財団広島市郷土資料館編刊『広島市郷土資料館特別展図録　広島缶詰物語』（二〇一五年）。
（14）広島県編刊『広島県統計書』各年次。
（15）経済産業省「工業統計アーカイブス」『工場統計表　産業編』各年次〈https://www.meti.go.jp/statistics/tyo/kougyo/archives/index.html〉。
（16）真杉高之「牛缶の歩んだ道2　広島に〝缶詰王国〟の座」（日本缶詰びん詰レトルト食品協会編『缶詰時報』一九九五年三月、五八―六三頁）。
（17）喜多泰弘「日本製缶業史における需要構造の変化と缶の商品文化史――なぜ日本ではここまで缶が普及したのか？――」（京都大学経済学部経済学科、二〇一〇年十一月）〈https://www.econ.kyoto-u.ac.jp/~kurosawa/Seminar/pdf/sotsuron2010_kita.pdf〉。
（18）多田統一「大正後半期から昭和初期にかけての本邦の缶詰業――農産缶詰を中心として――」（歴史地理学会編『歴史地理学』第136号、一九八七年三月）。
（19）幕府が安政五年に設置した「英語伝習所」を明治元年に「広運館」と改称。
（20）広島市文化財団広島市郷土資料館編刊『広島市郷土資料館特別展図録　広島缶詰物語』二五頁。
（21）徳川幕府が函館に建設計画の病院を、指導する医師として日本へ派遣されていた人物である。松田と出会った当時、幕府の都合により病院建設が中止となっており、彼は長崎在留フランス領事に赴任していた。
（22）日本缶詰びん詰レトルト食品協会『缶詰入門　改訂4版』一頁。

(23) 殖産興業の一環として、当時の主要産業であった農業の振興を目指す「勧農政策」を実施するため、現新宿御苑の場所に設置された。
(24) 日本缶詰協会編刊『目で見る日本缶詰史』(一九八七年)三四項。
(25) 同右、二五―二六頁。
(26) 同右、三〇頁。
(27) 同右、三二頁。
(28) 同右、五三頁。
(29) 同右、五四頁。
(30) 同右。
(31) 主に栄養の偏りや不足に起因するビタミン欠乏症の一つで、ビタミンB1の不足により深刻化すると心不全や末梢神経障害を引き起こす。また心不全による足のむくみ、神経障害による足のしびれが起きる。
(32) 参謀本部編『明治二十七八年日清戦史』第8巻(一九〇七年)一〇五―一〇六頁。
(33) 広島市郷土資料館編『近代の「兵食」と宇品陸軍糧秣支廠』二二頁。
(34) 日本銀行調査局編「広島缶詰に関する調査」(一九二四年、広島市立中央図書館所蔵)二頁。
(35) 同右。
(36) 松岡国松編刊『広島缶詰業沿革誌』(一九二三年、広島市立中央図書館所蔵)九頁。
(37) 広島市文化財団広島市郷土資料館編刊『広島市郷土資料館特別展図録　広島缶詰物語』二五頁。
(38) 松岡国松編刊『広島缶詰業沿革誌』九頁。
(39) 広島市文化財団広島市郷土資料館編刊『広島市郷土資料館特別展図録　広島缶詰物語』二五―二六頁。
(40) 松岡国松編刊『広島缶詰業沿革誌』一三―一四頁。
(41) 広島市郷土資料館編『近代の「兵食」と宇品陸軍糧秣支廠』二二頁。
(42) 広島市郷土資料館編刊『写真が明かす糧秣支廠の姿――糧秣支廠写真集――』(一九九九年)一頁。

(43)『中国新聞』明治三十年三月十二日六面。
(44)「陸軍中央糧秣廠条例・御署名原本・明治三十年・勅令第二十八号」第一条(国立公文書館所蔵)。
(45)「陸軍糧秣廠条例改正・御署名原本・明治四十一年・勅令第二十四号」第一条(国立公文書館所蔵)。
(46)同右、第四条。
(47)松岡国松編刊『広島缶詰業沿革誌』三六―三七頁。
(48)陸軍省編『明治卅七八年戦役陸軍政史』第一巻(湘南堂書店、一九八三年)二四〇頁。
(49)同右、二六三頁。
(50)大江志乃夫『日露戦争の軍事史的研究』(岩波書店、二〇〇三年)四七七―四七八頁。
(51)日本缶詰協会編刊『目で見る日本缶詰史』五五頁。
(52)陸軍省編『明治卅七八年戦役陸軍政史』第一巻、二四四―二四七頁。
(53)日本缶詰協会編刊『目で見る日本缶詰史』五六頁。
(54)広島市郷土資料館編『近代の「兵食」と宇品陸軍糧秣支廠』二三頁、二六頁。
(55)同右、二三頁。
(56)同右、二七頁。
(57)陸軍省編『明治卅七八年戦役陸軍政史』第一巻、二二九頁。
(58)同右、二四三頁。
(59)社団法人日本缶詰協会編刊『目で見る日本缶詰史』五五頁。
(60)大江志乃夫『日露戦争の軍事史的研究』四七九頁。
(61)広島市郷土資料館編『近代の「兵食」と宇品陸軍糧秣支廠』四六―四九頁、五六頁。
(62)同右、一四頁。
(63)農林水産省「脚気の発生」〈https://www.maff.go.jp/j/meiji150/eiyo/01.html〉。
(64)食肉解体場を指す。

(65) 広島市文化財団広島市郷土資料館編刊『広島市郷土資料館特別展図録　広島缶詰物語』四三—四五頁。
(66) 同右。
(67) 日本銀行調査局編「広島缶詰に関する調査」二—三頁。
(68) 「陸軍職工規則 四月一日実施」(『日本産業経済新聞　中外商業新報』一九二〇年三月三十日、所蔵：神戸大学附属図書館　神戸大学経済経営研究所新聞記事文庫「労働問題(14—95)」)。

本文

陸軍に使用する職工の取扱方を統一し且労働条件改善の趣旨を以て予て陸軍省に於て審議中なりし陸軍職工規則は既に昨夏一応成案を得たるも経費、国際労働会議等の事情の為め発布の運びに至らさりしが今回愈々四月一日より実施することとなり省令として三十日の官報にて発布せらるる筈なるが其内容概ね左の如し

一、職工採用年齢の最低限を十四歳とす、但現に使用中の十四歳未満の者は引続き使用す
二、必要と認むる場合に於ては職工を陸軍軍属となす
三、職工に休務を命じたる場合援助期間の計算に就ては該休務期間を官吏の休職期間と同様に取扱う
四、一日の就業時間を通常十時間とす必要に応じ伸縮を行う
五、通常の場合に於ては十五歳未満の者及女子に対し一日最大限就業時間を十一時間とし午後十時より午前六時に至る間は就業を禁ず
六、職工の休日を少くも毎月三回とす
七、職工の給料支給は左の各号の式に依る
(イ)十時間就業に応ずる日給を定め就業時間に応じて之を支給す(ロ)日額を定めて之を給す(ハ)請負の方法に依り(ニ)仕事の出来高に応じ日給に割増を為し之を給す
八、夜間(午後十時より午前六時に至る)作業に従事する者には日給十分の五以内危険又は衛生上有害なる作業に従事する者には日給十分の十以内の加給を加う

九、職工長は職工副長を置き日給又は日額の十分二以内の加給を為す
十、一月一日紀元節及天長節には日給の全部に相当する金額を給与す又父母及配偶者の忌引徴兵検査簡閲点呼参会当日演習召集に応召中の日数、出張中の病気欠勤、罹災に依る欠勤慰労休暇実施当日婚婦産婦の就業禁止期間等には日給の全額半額若くは其一部に相当する金額を給す
十一、左の場合に於ては職工に旅費を支給す
(イ)出張の時(ロ)就業地以外に於て採用の時(ハ)就業地を転ずる時(ニ)解傭せられ帰郷の時
十二、職工の徳性の涵養及知識の増進の為め講話会を開催し職工に修学の便を与え又職工の子弟に対し徒弟教育を行う
十三、産婦妊婦保護の為め其就業の制限又は禁止を命ず但本命令期間日給の一部を給す
十四、診療所を儲け職工及其家族の診療を行うことを認む
十五、職工の乳児又は幼児の保育の為め保育場の設置を認む
十六、職工勤労の状態に応じ各種の賞金を給す
十七、職工にして優良衆の模範となる可き者特別の善行を為したる者又有益の発明考案を為したる者を表彰し褒状及賞金を与う
十八、職工の犯行に依り譴責減給被免の罰を課す
十九、職工慰安の為にする会合を開催す

(69) 広島市郷土資料館編『近代の「兵食」と宇品陸軍糧秣支廠』四〇頁。
(70) 同右。
(71) 明治末期から昭和初期頃まで広島市鉄砲町において操業していた民間工場。第二工場が皆実町にもあったとされる。
(72) 広島市文化財団広島市郷土資料館編刊『広島市郷土資料館特別展図録　広島缶詰物語』五一頁。
(73) 同右。

(74) 広島市郷土資料館編刊『調査報告書第20集　陸軍の三廠～宇品線沿線の軍需施設～』(二〇一四年)一一―一五頁。
(75) 西田眞美「缶詰工業の趨勢と缶型統一の現状」(『糧友』第八巻二号、一九三三年、一四頁)
(76) 広島市郷土資料館編『近代の「兵食」と宇品陸軍糧秣支廠』一三―一四頁。
(77) 同右、二九頁。
(78) 同右。
(79) 同右。
(80) 同右。
(81) 江川恒雄「陸軍糧秣廠業務概要」(『糧友』第五巻三号、一九三〇年)。
(82) 陸軍糧秣本廠編『軍隊調理法』(川流堂小林本店、一九一〇年)一一七頁。
(83) 同右。
(84) 広島市郷土資料館編『近代の「兵食」と宇品陸軍糧秣支廠』三四頁。
(85) 同右、一四頁。
(86) 「陸軍糧秣廠条例改正・御署名原本・明治四十一年・勅令第二十四号」第一条(国立公文書館所蔵)。
(87) 「国家総動員法・御署名原本・昭和十三年・法律第五五号」第一条(国立公文書館所蔵)。
(88) 同右。
(89) 広島市文化財団広島市郷土資料館編刊『広島市郷土資料館特別展図録　広島缶詰物語』七五―七九頁。
(90) 広島市郷土資料館編『近代の「兵食」と宇品陸軍糧秣支廠』五三―五五頁。
(91) 広島市文化財団広島市郷土資料館編刊『広島市郷土資料館特別展図録　広島缶詰物語』七五―七七頁。
(92) 同右、七七―七八頁。
(93) 「地域の入れ物　食缶の生産額の都道府県ランキング(令和元年)」〈https://region-case.com/rank-r1-product-food-container/〉。

第五章　軍都広島の産業革命

――広島陸軍被服支廠の創業と近代的労働者の誕生――

隅原千尋

はじめに

明治維新後、日本が近代化を達成するために「富国強兵」が国家の目標となった。明治六年（一八七三）、徴兵令が発せられ国民皆兵の名の下でその基盤が整えられていった。軍の近代化において大砲や小銃などの統一・国産化が進められることとなったが、軍服も例外ではない。新政府は早くからそれに着手すべく明治四年に軍装調達制度を整備し、同年十一月には縫工・靴工・革工の育成を目的とした兵部省武庫司所轄の就業場を設立した。これがのちの陸軍被服廠へとつながっていくのである。(1)しかし、軍靴・軍服・軍帽などは新技術を要するものであったため政府のみによる生産体制の確立は難しく、先行して洋服製作に従事していた民間業者への依存が避けられなかった。(2)このような経緯から、鎮台や師団などの軍事拠点を抱える地域では軍服に関する民間企業が多く設立されたと考えられる。明治二十三年に陸軍被服廠が東京に設立されてからも、被服廠だけでなく民間工場に依存して軍服の調達を行った。それでも軍服生産は需要を十分に賄うことができず、日露戦争を機に大規模に施設の拡充が図られることとなった。

広島では、明治二十七年の日清戦争の際に大本営が置かれたことは今日広く知られている。出征地となった広島市は軍服の供給の利便性から、縫製業を担う民間企業が次々と設立されていくこととなった。さらに大きな転機となったのは、明治三十七年の日露戦争開戦である。日清戦争時の約四倍の兵士が動員されたことで、従来の設備では軍服の需要に対応できないとした軍は陸軍被服廠広島派出所を設置し、多くの被服の洗濯、修理に対応することとなった。その後、広島派出所は徐々に規模を拡大していき、明治四十一年に広島陸軍被服支廠（以下、広島被服支廠と略記）として市内でも最大級の軍事施設となった。

しかし今日、広島被服支廠に関する先行研究はほとんどなく、わずかに「旧広島陸軍被服支廠における施設配置の変遷に関する研究[3]」など施設の建築構造に関する研究があるのみである。また、『旧広島陸軍被服支廠倉庫歴史調査報告書[4]』では支廠内の業務や労働環境について記載されているものの、広島の民間企業や都市形成への影響に関する言及は皆無といってよい。

当時の広島市内で最大規模の軍事施設であった広島被服支廠が同市の市民生活や産業に大きな影響を与えたことは想像に難くない。また紡績業や製糸業と同様に廠内には多くの女工が働いていたことから、広島被服支廠を起点に女性の労働環境に対する配慮がなされたはずである。

本章では広島被服支廠の業務の実態、労働環境を明らかにするとともに、それが広島の産業や民間の労働環境の向上にどのような影響を与えたのかについて論じていきたい。

第一節　広島被服支廠設立以前の労働環境

第一項　「工場の」誕生と労働環境

日本の産業の近代化が、政府主導で行われたことは広く知られている。特に製糸業は、江戸時代より最大輸出品として外貨の大きな収入源であったため政府によって奨励されていた。[5] 広島の明治以前の工業の形態は農林水産業に加えて、たたら製鉄、製塩業、養蚕業という地場産業の発達が見られ、これらは家内工業や手工業であった。

日本で最初に工場が設立されたのは明治五年に国営で創設された富岡製糸場であり、働く女性の特徴は裕福な農民や士族の娘が大半だったと言われている。[6] 近代的な工場で働くことは当時の女性にとって初めての経験であった。主な業務は、複数の窯の中で煮えている繭の糸が切れないように見張り、糸の数が少なくなると撚り糸を補充していくことであった。製糸場の業務は女性であることが適する職種が主体になっており、工女たちの生糸の品質への配慮に対する高い就業意識によって支えられていた。[7]

操業に際して製糸場が一番に作った規則は、工女の労働と生活両面の行動を規定した工女寄宿舎規則である。その中身は製糸伝習のために雇われた外国人女性を師と心得て指示に従うことや一～三年まで望み通り勤務できるが私的な退場は認められないこと、日曜日以外の外出は許されないなど労働や集団生活についての規則であり、極めて厳格なものであった。このような規則が設けられたことにより工女の募集がままならなかった。そのため明治八年八月に工女寄宿舎規則が改定され、外国人女性に関連した項目が消え、工女の勤務権限が三～五か月となり日曜日の他、祝祭日の外出が許されるようになった(8)。

このように富岡製糸場の労働条件は決して悪いものとは言えない。工女たちには寄宿舎が設けられそこで規則正しい生活と三食の食事が提供され、その後は構内にも食堂が作られたため通勤している者も利用することが可能となった。また、工女教育のために縫針、筆算、読書等の講習をする規則も設けられていたため、集会所では和服のしつけ方の指導や日舞の稽古など、業務とは直接関係のないことまでも行われていた(9)。労働時間は八時間で、毎週日曜日は休日とされ自由な外出が認められ、年末年始においても帰省することが許されていた(10)。昇格についても就業年齢に関する規則は明確に決まっておらず、仕上げた生糸の処理数が多ければ腕のいい工女として評価され、トラブルを起こしてしまえばマイナスの評価がつく程度のものであった(11)。

しかし、その後の松方正義によるデフレ政策により赤字続きの官営工場の払い下げが進められ、明治二十六年に三井家が経営することとなる。民間経営になったことにより利潤を追求するようになると一日一二時間労働や月休日が三日のみとなる等さらに厳しい労働条件が課され、昇給についてもトラブルの程度によっては叱責や減給もあった。[12]

この環境を政府は問題視していなかったのかというとそうではない。工場の近代化が徐々に浸透していくとともに、農商務省は欧米先進国の工場法を参考にして工場法案の作成に着手することとなる。当時の労働者といえば年少者も多く、施設によっては十歳以下の児童も属していた。明治十四年に発足された農商務省は、年少労働者、学齢児童労働者の雇用制限、職工保護、就学対策を組み込むよう働きかけた。工部局内に調査課を設け、「職工及工場に係る慣習を詳明ならしめん為め各府県に移牒して之を調査せしめ」とし工場法の資料を集め、翌年には「労役法、師弟契約法、工場規則」を立案した。[13]その可否を東京商工会に諮問し、同会から「速かに適当の法律を制定せられんことを希望す」との答申を受けている。[14]

明治二十年には「職工条例案」で職工及び工場に関する一般規定を定めている。この案では、十四歳未満の者は一日六時間、十七歳未満の者は一日一〇時間以上の使役や夜間使用を禁止すること、また幼年職工には毎日喫食時間のほか、二回以上一定の休憩時間を与えることを規定していた。[15]さらに工場主へ未就学労働者への就学を義務付けてもいた。しかし、就学義務を規定したこの案は実業家らの反対と各局の意見が一致せず、公表されずに廃案となった。[16]政府が労働環境を問題視しているにもかかわらず企業側の反対により改善は実現していない事例が見られた。

改善の傾向が見られるようになったのは日清戦争後の戦後景気によるものである。賠償金が決着すると同時に日本の企業家たちが一斉に銀行、製造、鉄道などの事業に殺到した[17]。銀行の設立、陸海軍備の拡張、鉄道や電力会社などのインフラ設備など様々なものが整備されることとなる。広島でも明治二十六年には五つだった会社組織の工場が明治三十年には一五を数えるようになった[18]。いずれの業種においても日清戦争の期間中に増加の兆しにあった商業や製造業本社は、明治二十九年から三十一年にかけて急増し、全国の傾向と軌を一にした産業活動の増大を見ることができる[19]。特に広島は大本営が置かれ臨時的な「首都」と定められ、多くの兵士や物資が出入りしたため、その傾向が大きく表れたと考えられる。

このような好景気の一方で、紡績女工や鉱山業の過酷な労働環境や物価騰貴による生活の困窮に対する労働争議や、多くの企業が設立されたことによる労働者の獲得競争に対応すべく、大都市部を中心に労働環境の改善が必要となった。加えて、ヨーロッパ諸国では労働組合が組織され、大規模なストライキが展開されていたことから、政府は工場法の必要性を実感することとなった[20]。明治二十九年に政府は第一回農商工高等会議に「職工の保護及取締に関する件」を諮問し、翌年に工場調査を行い「職工法案」を作成した[21]。

しかし、このような改善の傾向がみられるのは限定的なものであり、特に女工においてはその限りではなかった。

第二項　女性の労働環境

資本主義が発展する中で製糸業者は生産性の向上をより追求するようになる。機械化の生産工場に加え、生産費の減額をするべく農村地域の貧しい家庭の若い子女の雇用を始めた。農民側も松方デフレ政策により、貧困生活を強いられていたため日雇い労働や女子の出稼ぎで家計の不足を補わざるを得なかった。このようにして戦前の製糸業における代表的な女性労働者が誕生することとなり、農村は低賃金労働者の供給源となっていった[22]。

広島県の紡績工場でも同様に多くの農村出身の女工が働いていた。他県の紡績工場では県外から職工を募集していたにもかかわらず、広島県では多くの女工が県内出身者であり、紡績女工の供給県であったとされている[23]。広島県人は、「性質稍々遅鈍なるも能く労働に耐へ粗衣粗食に甘んじ契約期限を終了する者多し」と使い勝手がよく、全国の綿紡五〇社のうち二四社までもが広島県を女工募集地とするほどであった[24]。

このようにして女性の社会進出は進んでいくこととなるが、それに応じて労働環境が向上したわけではない。明治二十六年に富岡製糸場が民間へ払い下げられると、利潤追求のために長時間労働が求められるようになった。

日清戦争による好景気に伴い、紡績会社は徐々にその数を増やしていった。これにより、職工の欠乏は次第に高まり、都市の紡績工場は全国にわたり募集を行うこととなる。大都市の工場では遠隔地で募集した女工を寄宿舎にいれることが通常であったが、紹介人は「勧誘にあたっては快楽のみを説明すれば地方細民の婦女は心を動かされこの勧誘に乗じ入社することとなる」と紹介料を受け取るために甘言や欺瞞を用いて勧誘していた[25]。政府はこの募集について「看過す可から」ざる問題であると言及している[26]。工場や宿舎の衛生環境は悪く、外出も厳しく制限されていたため、工場から逃亡する女工もしばしば見られた。明治二十七年には広島県人の出稼ぎ労働者が多かった鐘紡東京本社で過酷な労働に耐えられず女工が脱走しており、「同会社の執業は昼業部夜間部に分かれ昼業時間は午前六時より午後六時まで夜業時間は午後六時より午前六時までにして毎日曜日は休業し一週間毎に昼、夜業と交代し、十数名の什長伍長と称する工事監督者あり間断なく巡視し、工女にして怠慢なるもの又は睡眠したるもの、誤て紡績糸を断ちたるものは罰科として工銭を删除せられ剰へ手荒き苛責を加えられ又女工中軽症者は容易に休業することを得ざる規定にて、以上の待遇忍び難く外出に乗じ[27]」と記録されている。このような問題が徐々に増加してきたからこそ政府は労働環境についての実態調査を今一度行ったのではないかと考えられる。悪質な職工募集を取り締まるべく、女工の供給県であった広島では明治三十二年十一月十一日に「県令甲第五十二号」として以下の規定を制定した[28]。

一　他府県に於て使用すべき職工を本県内に於て募集（紹介を包含す　以下同じ）遷都するものは左の事項を具し募集地管轄警察官署に届け出認可を受くべし、但募集地の区域敷警察官所署の管轄区域に捗るときは当庁に届け出認可を受くべし

一　募集の目的募集地の区域及び募集期限

二　募集人員並びに男女の区別
三　募集上使用するものの住所記名
二　雇い主の承諾を経ずして其契約期間中に属する被用者を募集することを得ず
三　第一項の認可後と雖も取締上必要と認むるときは募集を停止若は其認可を取消すべし
四　本令第一項第二項に違背したるものは三日以上十日以下の拘留に処し又は壹円以上壹円九十
　五銭以下の科料に処す

このように規則を設けたにもかかわらず、取り締まりの実効性はあがらなかった。[29]
さらに労働者の実態を把握すべく、明治三十四年に農商務省商工局は「職工事情」の調査に乗り出した。その中でも特に女性労働者が多かった紡績に関する「綿糸紡績職工事情」に注目すると七割以上が女性であり、十～十四歳の幼年工が一～二割を占めていた。[30]労働時間については「昼夜交代の執業方法に依り其労働時間は十一時間又は十一時間半（休憩時間を除く）なるを通例とす而して職工の男女を問はす年齢の幼長に関はらす悉く同一に労働せしむるは言を俟たす。始業時間及び終業の時刻に就ては昼業部は午前六時に始めて午後六時に終り夜業部は午後六時に始めて翌日午前六時に終るを通例とす但し時季に依り多少の変更ありとす。又業務の都合に依り居残就業せしむること多し通例二三時間なれとも夜業部の職工欠席多きときの如きは昼業職工の一部をして翌朝まで継続執業せしむることなきにあらす加之業務繁忙の場合には昼夜交代に際して夜業者をして六時間くらい居残掃除せしめ昼業者をして六時間位早出掃除せしめ結局十八時間を通し労働せしむることあり。[31]」といった環境であり、「籠の鳥より、監獄よりも寄宿住いはなおつらい」という女工小唄は有名である。

このような過酷な労働環境が改正されていくのは日露戦争以後である。明治四十四年三月二十八日には常時一五人以上の労働者を有する企業に向けて工場法が公布され、工場労働者の保護を図るために年少者の就業制限、年少者・女子の労働時間制限、業務上の事故に対する雇用者の扶助義務などを定めている。しかし小規模の企業は対象ではなかったため、大正十三年（一九二四）の施行以降も多くの女性や子供が過酷な働き方を余儀なくされていた。[32] 広島の民間企業で労働環境の整備が進んだのは、明治三十八年に被服廠広島派出所が設立されたことによる影響が大きいといえよう。

第二節　広島被服支廠の操業

第一項　広島被服支廠の創業

陸軍被服廠の前身は、被服の保管と補給のため陸軍省会計局に設置された貯蔵係である。明治十九年三月十一日の「陸軍被服廠条例」の制定により、東京に陸軍被服廠が設置されており、条例の第一条には「毛布其他地質を以て軍隊に給する品種の調弁分配及び戦時予備地質を貯蔵する」と記載されている。[33] 明治三十五年一月には条例が改正され、「陸軍被服品の調弁、製造、貯蔵、補給等の掌り且被服に係る試験を行う」と新たに被服に関する試験業務が加わり、日清戦争以降のすべての戦争、事変に際して被服品の供給が為されることとなった。翌年十二月には大阪に支廠が設けられ[34]、日露戦争に備えて被服の生産体制が強化された。

日露開戦時、陸軍の被服・装具関係の直営工場は、素材生産の千住製絨所のほか、一つの製靴工場を持つのみであった[35]。したがって、それ以外の被服・装具の調達はすべて民間への発注に依存していたのであるが、戦時中の需要急増と補給迅速化の要求に応えるためには直営工場の新増設に踏み切らざるを得なかった。

戦時中の生産設備の新増設については、『戦役統計』に次のように記録されている[36]。

被服品の製造及び裁縫力増加に関する設備を為したるも次の如し

一　製造力増加に関し特に新設若は増設せしもの次の如し。

大阪被服支廠に製靴工場の新設。

大阪砲兵工廠内に飯盒製作工場の増設。

千住製絨所に製絨拡張及び反毛工場の新設。

被服廠広島派出所の新設(被服修理工場及洗濯工場倉庫の新設)。

被服本廠、支廠及派出所に水圧梱包場の増設。

二　裁縫力の増加に関し新設したるも次の如し。

被服本廠に二箇所の裁縫工場の新設（一箇所は臨時陸軍縫工所用(ママ)、一箇所は民間職工を傭役して就業せしむ)。

大阪被服支廠に裁縫工場の新設（臨時陸軍縫工所用）(ママ)

三　臨時陸軍縫工場の設置。

虞戦役前に於ける陸軍被服廠には只一個の製靴工場ありしのみにて、被服の裁縫は総て民間の作業力に依れり。然るに開戦後漸次出征部隊の増加に伴い補給被服の所要数益々増加すべきは明にして、独り民間の作業力のみに依頼するは補給を不確実ならしむるの虞あるを以て、陸軍被服本廠及大阪被服支廠に臨時陸軍縫工場を設け、予後備役縫工長及同縫工を召集して其の要員に充当し以て裁縫自営を為せり。臨時縫工長の編成要領同細則及同服務規則は明治三十七年四月三日を以て発表し、同年八月十日大阪に九月一日東京に開設し、同三十八年九月二十日を以て共に閉鎖せり。

四　民間における裁縫力は極力之を利用し尚各地監獄における囚徒の作業力及び慈善団体等苟も多少の裁縫力を有するものは悉く之を利用せり

以上の理由から被服縫製の直営化が行われ、施設の整備・拡充が実施された。

しかし、戦用被服品の製作と購買が大幅に増加し、既存の倉庫では保管しきれなくなったため、全国六都市に臨時倉庫が設置された。その中の一つが広島宇品の保管倉庫である。宇品の保管倉庫は貨物廠の管轄であり、日清戦争の際、朝鮮半島およびその周辺に送り出す軍需品や、戦地から還送される物資を集積することを目的として作られていた。日露戦争で再び設置されたため、宇品港には戦地からの還送被服品がさらに大量に集積されることとなり、陸軍は宇品築港敷地内に約一、五〇〇坪規模の仮設倉庫を、広島市尾長・大須賀両村内の東練兵場内に仮倉庫八棟（三、二〇〇坪）を新築し、その他民間倉庫も借り入れた。また、広島陸軍予備病院皆実分院の病室の空きを模様替えして倉庫にするなどして還送被服品の保管場所が大量に確保された。被服品の洗濯工場は太田川上流の堤防に設けて、広島市内外より臨時の女工を約数千人集め、戦地から返ってきた被服の洗濯、補修を行い、一日平均四、〇〇〇着分の洗濯作業を実施していた。東練兵場は作業場に充てられており、毛皮の縫製や破損の修理などの作業が昼夜連続して行われていたという[37]。

明治三十八年一月二十五日には、その洗濯修理のための工場が新たに皆実村に建設されることが決定した。工事中に被服廠の派出所となることになり、同年四月十二日に陸軍被服廠広島派出所が設置された。「陸軍被服廠廣島派出所設置の件[38]」には以下のように記されている。

（現代語訳）

戦況の転換に伴い被服の需要は益々増加しているが、資源がだんだんと涸渇しようとしている。現下の状態にあっては戦地からの還送被服で再利用に適するものは補修手入れを施して補給にあてる手段を取ることは言うまでもなく特に防寒被服のようなものはその材料が内地において求めるのが難しいものについては一層その必要を感じるところである。したがって、従来後送者の防寒被服は貨物廠または被服廠に収容して補修手入れを行わせつつある。今後その着用を停止する時期に還送被服は六〇万以上に達しようとする。これをもって再び来年の冬にあてるには、実に一日平均五〇組以上の補修手入れを遂行しなければならない。加えて他の還送被服に対しても同じく補修手入れを必要とするものは少なくない。この大作業を遂行しようとすれば、もとより便利な地に適当な設備を必要とするべきであるので、既に決裁の上、今広島にこのような工場を新築中であり、いずれ完成しようとしている。よってこの工場は被服廠の管理とし、広島に同廠派出所を設置し、これをもって還送被服の整理の任にあて野戦軍の被服を補給する上で問題が起こらないようにする必要がある。

被服廠広島派出所では、戦地から還送されてきた被服の洗濯や修理、格納が主な業務であり、派出所内の工場施設には洗濯所、修理手入所、梱包所が設置されていた。開設当初は事務所を置くにも建物が完成していなかったため、本廠や留守第五師団経理部糧秣倉庫、広島陸軍予備病院小姓町分院跡に事務所を移転しながら、九月十七日に新築工事の途中であった広島派出所敷地内に設置された。

日露戦争終結後は各地の臨時倉庫を整理閉鎖するとともに還送被服の整理業務を東京、大阪、広島の三か所に集中することとなった。当時の『読売新聞』では以下のように記されている(39)。

我が陸軍における被服廠は本所なる東京本廠及び大阪同廠を有するのみなるを以て無論陸軍全体の被服調整をなす能わず下級服は止むを得ず之を民間工場に委託し居たりしが今回師団増設の結果其人員も増加し来るを以て此際廣嶋に支廠を置くことに決し其職工の如きは東京本廠及び大阪支廠より配当し漸次規模を大にし完成せしむる方針なりと云ふ

このことから広島は、日本の軍服需要に対応するための重大な拠点となったことが窺える。

明治四十一年三月、陸軍被服廠条例改正では本廠を東京、支廠を大阪に加えて広島にも設置することが明記され、被服廠広島派出所は「広島陸軍被服支廠」に昇格となった。被服廠の業務の規模が大きくなるとともに広島被服支廠では業務に製造業務が追加され、裁断工場、縫製工場、製靴工場と設備の拡充が図られた。

表1 被服廠雇用数

年	本廠		大阪支廠		広島支廠	
	男工	女工	男工	女工	男工	女工
明治40年(広島派出所)	334	304	133	322	45	
41年(広島支廠に昇格)	225	303	118	273	22	265
42年	238	442	155	303	59	445
43年	415	567	370	429	88	458
44年	610	924	448	558	206	748
45年	564	823	334	456	286	715

出典：内閣統計局編『日本帝国統計年鑑』[40]より作成。

表1は各被服廠での雇用数を示したものである。陸軍被服廠の職工数は『日本帝国統計年鑑』で明治四十年から確認され、大正元年までは東京本廠、大阪支廠、広島支廠の各職工数も統計されている。広島支廠は明治四十年では三か所中で最も人数が少ないが、明治四十一年に昇格したことにより大阪を超えるほどの職工を雇用し始めた。女工数だけを見ると明治四十二年からは大阪支廠よりも多くなっていることから、広島支廠は女性の力によって支えられていたことがわかる。

第二項　広島被服支廠の業務

第〇次世界大戦と言われ総力戦の原型である日露戦争は、それだけ経済界に及ぼした影響も至大なるものがあった[41]。特に、軍の出征地となった広島は大規模に軍隊の集中・移動の基地となったことにより兵器弾薬糧食その他の軍需品の大部分もこの地から輸送していた。そのため、軍需品は現地において調達されたものが多く、日清戦争を凌ぐ市況繁盛を極めるとともに庶民の収入が増加する契機となった[42]。被服関連品も同様であり、広島被服支廠設置後多くの民間企業が設立された。被服廠は、戦時中に被服や装具及び補修用器材等の数量が急増するにあたり、自営工場用の機械器具及び諸整備の更新改良を行い作業効率の増進を図っていた。廠内の作業としては軍服の縫製、軍靴の製作等を主とし、その他の被服品の多くは民間工場に発注していた[43]。これは広島被服支廠でも同じ業務形態だったと考えられる。

広島被服支廠の組織は主に支廠長、廠員、技師、下士、判任文官ら軍人や軍属からなる職員と、支廠内の作業や業務に従事する職工（女工・男工）で構成されていた[44]。

支廠内には、庶務部、購買部、補給部、製造部の四つの部署が置かれており、庶務部では庶務を担当し、購買部は被服などの原材料や被服製品、労働力の調達などをしていた。

製造部では軍服や軍靴等の製造、修理を行っていた。部内の縫製工場、製靴工場では最新式のミシンを使用し、大正十一年七月九日の『中国新聞』で「襟を縫うもの襟ばかりと云う様に一々分業である[45]」と書かれているように生産効率の向上を実現していた。ただし、軍服生産は広島被服支廠に限定されたものではなく、民間委託も行われていた。『戦役統計[46]』に「民間における裁縫力は極力之を利用し」との記載があるように、被服製品の多くは民間企業から購入していたため、広島県でも多くの被服関連の会社が設立された。表2は広島県における軍服の関連企業である。明治二十七年に創設された原商店の広告には「陸軍御用達」と書かれ、広島被服支廠設置以前から広島の企業が陸軍と関係を持っていたことが分かる。広島被服支廠の設置後はさらに軍に関連した企業が設立されたことから、

表２　広島県軍関連企業

明治10年	萬屋軍服店	広島市猿楽町	軍服・軍帽・学生帽・消防付属品
明治27年	合名会社原商店	広島市幟町	ズック類・綿布・麻布軍需品・スポーツ服装・綿布加工品・運動用・メリヤス
明治27年	合資会社澤田勇商店	広島市八丁堀	軍需品・被服
明治38年	佐藤軍服店	広島市八丁堀	軍服
明治41年	広島一心会	広島市平塚町	陸軍被服裁縫
明治44年	山口虎市	福山市蘭町	軍服・軍帽・青調服・消防服
大正6年	尾山宗三郎	広島市稲荷町	古軍隊靴改造
大正8年	大黒屋野田植	広島市西引御堂町	除隊兵満期服・洋服

出典：広島県産業奨励館編『広島県商工人名録』（広島県出品協会、1935年）、農商務省商工局工務課編『工場通覧　2冊　明治42年12月末日現在』（日本工業協会、1911年）より作成。

広島の軍需産業を支える拠点の一つとして市民生活に活況を呈したと考えられる。しかし、品質維持のために民間工場での製造を任せることができない軍服や軍靴、防蚊覆面、肩章などは広島被服支廠内で製造していたことから、その業務や役割は非常に重要であったことがわかる。

補給部では、民間から買い上げた材料、製品等を検査受領し、検査したものは「広支」などの検定印を付けて倉庫に格納し、必要に応じて製造部や軍に送付する業務を行っていた[47]。また、平時海外に滞在する陸軍部隊に対する補給業務も広島被服支廠の重要な役割であった。

大正二年六月二十六日に陸軍経理局衣料課より通牒された「戦用被服格納保全要領」は、倉庫の運用管理、格納品の包装法と配列法、手入れ法などが示されているものであり、図版も多数掲載されている。細かな規定が設けられていたことから保管品の保護に十分な配慮がなされていたことがわかる。また、多くの職工を雇っていたからこそ、図版を用いた分かりやすいマニュアルを作成することで効率化を図っていたことも分かる。被服倉庫で保管される被服品等は塵埃の付着を防ぐために梱包された姿で格納されており、品目によって、箱詰梱包（図1）、圧搾包装（図2）、紙包装（図3）などが用いられていた。また、倉庫に格納される被服品の手入法は、品目の性質に応じて、清潔法、乾燥法、防錆法、防虫法などを使いわけており、格納前だけでなく、格納中も定期的に点検を行うことで劣化被害を未然に防いでいた。

　被服倉庫観察要領では倉庫の内外における注意観察すべき事項が挙げられており、湿気、塵埃、害虫の侵入に対する兆候を見つけることを目的としていた。[48] 施設内の一部分に害虫が好む花を植えるこ

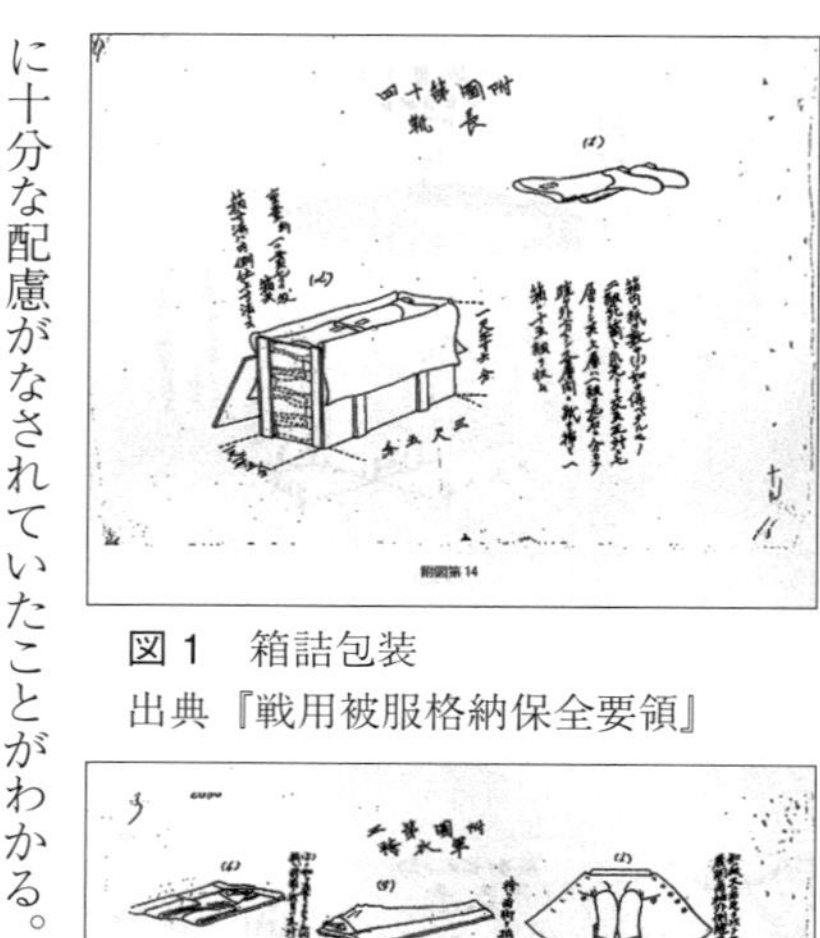

図１　箱詰包装
出典『戦用被服格納保全要領』

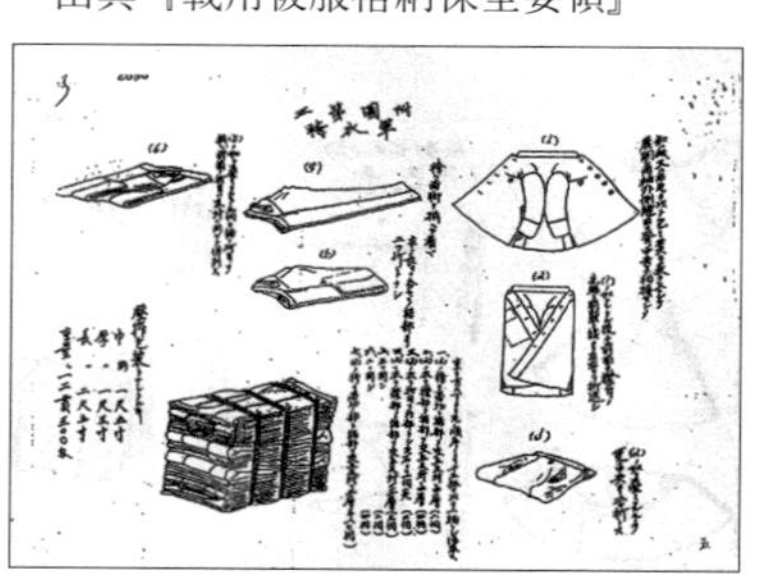

図２　圧搾梱包
出典『戦用被服格納保全要領』

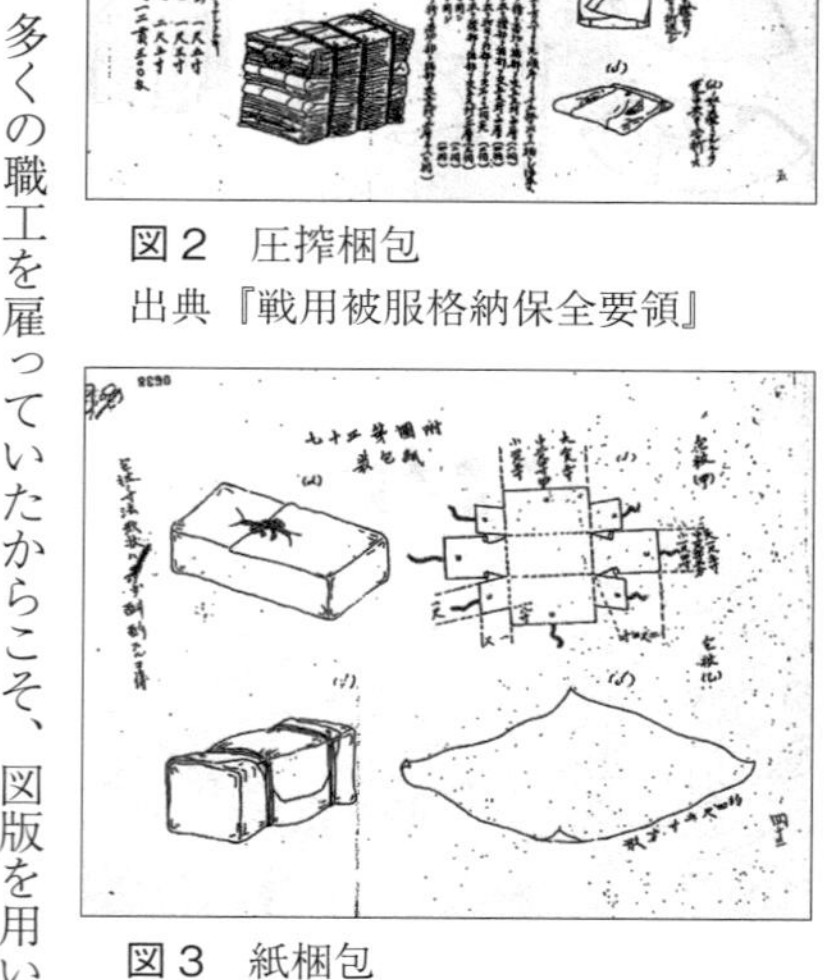

図３　紙梱包
出典『戦用被服格納保全要領』

とで害虫を一箇所に集めるとともに、女工が休憩時間を利用し害虫駆除のデモンストレーションも行っていた。このことから、支廠内の衛生管理についての意識は非常に高かったと考えられる。このような要領を職員が認識し実践していたからこそ高水準の被服事業であった。

また広島被服支廠内には、「広島陸軍被服支廠参考館」という職工や職員以外の人でも日常的に利用できる施設があった。主要被服製作工程や被服廃品の利用などの被服廠の業務や、工場内の労働環境が窺える職工の賃金や福利施設が展示されていた。加えて、陸軍被服の沿革や被服協会推奨被服、害虫の注意喚起など被服常識の普及のための展示もされていた。このことから、広島被服支廠に関係している人達だけでなく、一般市民に対して被服の理解促進を行うことも業務の一つであったといえる。

第三節　広島市における労働環境の変容

第一項　広島被服支廠内の労働環境

第二節第一項の表1で示したように、広島被服支廠では他の被服工場と比べて多くの女工が働いていた。そのため、賃金や福利施設などの面で女性が長く働けるような環境が整備されていくこととなる。支廠内の労働環境は、大正九年に公布された「陸軍職工規則」により細かく定められていた。定限年齢や就業時間、休日などが決められており、その内容は現代と比較しても遜色はない。民間の工

表3　昭和元年職工平均賃金

	男工　日給	女工　日給
製糸女工		92銭
綿糸紡績女工		1円10銭
莫大小編	1円63銭	71銭
洋服仕立工	2円88銭	
靴工	2円50銭	

出典：農商務大臣官房統計課編『賃金統計表集成』(クレス出版、1998年)より作成。

表4　大正15年広島被服支廠賃金

	人数	最低賃金	最高賃金	平均賃金
男工	241人	60銭	3円35銭	1円83銭
女工	306人	55銭	2円24銭	1円10銭

出典：広島商業会議所編刊『企業地としての広島』(1926年)より作成。

表5　大正15年広島兵器支廠賃金

	人数	最低賃金	最高賃金	平均賃金
男工	68人	1円17銭	2円20銭	1円66銭
女工	41人	78銭	1円50銭	1円11銭

出典：同上。

場に対しては、「常時五〇人以上の職工を使用する工場の工場主は遅滞なく就業規則を作成し之を地方長官に届出づべし[49]」と、休憩時間や休日を取ること、職工に食費などの負担をさせないこと、賃金の計算方法や支払時期に関することと等が条文として掲載されている工場法が大正十五年に初めて施行されている。被服廠の労働環境はその先駆けであったともいえる。

第一に賃金の面では、表3、表4、表5が示す通り民間企業よりも支給額が高かったこと以外にも、広島の他の支廠よりも賃金の幅が広かったことが分かる。広島被服支廠内の賃金は固定日給制に加えて、出来高制及び割増賃金制度も採用されており、女性でも働いた分だけ評価される環境が整備されていた。同年の広島兵器支廠と比較しても、最低賃金は広島被服支廠の方が低いが最高賃金では上回っている。六月及び十二月には昇給もあり、夜間手当なども詳細に制度として設けられていた。

第二に福利施設の面では、支廠内には多くの福利厚生制度が整えられていた点が挙げられる。以下にそれをみてみよう。

明治三十八年に皆実村に被服廠広島派出所が設置されたが、翌年一月には早くも機能拡充のための増築工事が行われている。開設当時の施設と、増築工事の内容は表6が示す通りである。

作業量の増加に対応するための作業場や軽便レールの建設が見られるが、女工厠や湯沸所等、職員のための設備も増築されている。これは、広島被服支廠が陸軍三廠の中で最大規模の施設となり、雇用した人数も多かったことからこのような施設の充実が図られたと考えられる。

また「陸軍職工規則」では、「職工就業時間中その児童を受託保育し職工の煩累を軽減して作業能力を保護するとともに家庭教育を補助す[50]」る目的で、各所に診療所と保育所の設置が規定された。広島被服支廠では大正十年三月に設置され、職員が働きやすい環境整備に尽力していた。これは広島県内で児童保護施設としての創設が最も早く、大正十一年八月に広島陸軍兵器支廠保育部、大正十二年一月に宇品陸軍糧秣支廠保育部ができているが、他の支廠と比較しても早期の設置を実現している。

大正十年の広島被服支廠保育所の新築にあたり、第五師団経理部長であった岡崎内蔵から陸軍大臣宇垣一成あてに設計仕様について上申をしている。そこには段差への配慮や寝室や運動室への暖炉の設置などが盛り込まれており、このことから上層部も従業員の子供の健康と安全を意識し職工の労働環境を整えようとしていたといえる[51]。昭和四年（一九二九）には各廠通常七〇～八〇名の保育児が所属し、保育児一〇名に対し一名の保母や助手がついており、手厚いサポートが受けられていた[52]。

一方で、民間工場である福島紡績福山工場では同年に福紡争議が起こっている。これは、女工が子

表６　被服廠広島派出所増築内容

明治38年11月15日広島派出所開設当初の施設	明治39年1月広島派出所の機能拡充のための増築工事
・修理手入場　2棟 ・職工休憩所　1棟 ・宿舎　1棟 ・梱包材料庫　1棟 ・人夫休憩所　2棟 ・還送被服格納倉庫　9棟 ・荷物揚卸場　1棟 ・事務室　1棟 ・守警詰所　1棟 ・洗濯所　1棟 ・機関室　1棟 ・梱包場　1棟 ・食堂　1棟 ・宿直室　1棟 ・商人溜所　1棟 ・小使詰所　1棟 ・雑器庫　1棟 ・湯沸所 ・厠	・衛兵所（新築） ・暖炉格納庫（新築） ・作業場（新築） ・馬繋（新築） ・人夫休憩所（増築） ・宿舎付属小使厠（新築） ・人夫厠（新築） ・女工厠（新築） ・雑器庫及び商人溜所（増築・模様替） ・事務室付属家浴室（薪炭庫を模様替） ・職工及び人夫用湯沸所（新築） ・蒸気ポンプ置場（新築） ・荷物運搬用通用門（新設） ・非常門（新設） ・天日乾燥場物干杭（新設） ・梱包場及び洗濯場器械油差用歩板及び昇降用梯子（新設） ・機関室より洗濯場に至る蒸気管雨覆屋根（新設） ・機関室入口（模様替） ・表裏門哨兵舎（新設） ・乾燥室引出掛枠車（新設） ・厠目隠板塀（新設） ・石鹼溶解用タンク台（新設） ・湯溜枡（新設） ・防火用貯池水道共（新設） ・警鐘台（新設） ・軽便レール台車（増設） ・軽便レール踏切板（新設） ・構内軽便レール（増設） ・派出所より皆実倉庫まで軽便レール（新設） ・洗濯場内乾燥室屋上へ排風管（新設） ・洗濯場内乾燥室付属送風機（地形） ・表門脇通用門前道路（新設） ・表門脇通用門前道路敷地（買収） ・構内砂利（敷設） ・倉庫床下調査口（新設）

出典：『旧広島陸軍被服支廠倉庫歴史調査報告書』

育てにより結婚前の短期間しか労働できないことを問題視し、労働環境改善を訴えた争議である。嘆願書の中には託児所の設置が盛り込まれているが、会社に回答を拒否され、対応されていない[53]。これをみると、広島被服支廠でいかに職工のことを考えた先進的な制度が整えられていたかが理解できる。

さらに、廠員の健康維持のために嘱託医を置き従業員の家族も利用することができる診療所や浴場、健康保険事業を代行する共済組合が支廠内に設けられていた[54]。また、購買では日用品や食事を安価に供給し、その利益を各種福利施設に対する補助に回し従業員全体の福利増進に貢献していたという点からも少しでも労働者に還元しようとする姿勢が窺える[55]。業務以外でも希望者に対し裁縫や編み物、生け花などの教育を施したり、職員同士の交流が図れるようにテニスや野球ができる運動場や囲碁、将棋などの娯楽施設が整えられた職工休憩所や庭園なども用意されていた。懇談会では従業員の代表者を組織し、福利施設や工場設備並びに相互融和に関する協議を行っていた[56]。それはすなわち、上下間の意思疎通ができていたからこそ現場の具体的な要望が広島被服支廠の労働環境に反映された結果といえよう。

この他、毎年四月一日は被服廠創立記念式という広島被服支廠内全体で行われる式典も開催されていた。明治四十五年四月一日の『芸備日日新聞』[57]では「実にも今日は此等職工脇夫等が一年一日の安息日として歓を購ふべき日なのである」と、式の様子が伝えられている。当日の来会者は約八、〇〇〇人と予測されており、いかに盛大な式典であったか想像される。年に一度の式とあってか式場となった検査場は、天井や壁を白布で纏い一大白室を作り、花電灯をつるし油絵などの額を掲げるなどの普段とは違う模様を見せていた。当日行われた催し物としては、徒歩競争や西洋遊戯、演芸があり、特に少女たちによる黒髪に白または赤のリボンを留まらせて振りの袖にそろいのカーキ色女工袴を穿けて面白く踊るダンスは衆目を喜ばすものであったと記されている。当時は約一、五〇〇人の廠員を有していたため「藝人(くろうと)も跣足(はだし)」と言われるほどの人員も多く、余興は大変盛り上がったとされている。余興広場では縫工長養成部兵卒の相撲も行われていた。第五、第六、第十、第十一、第十二、第十八師団から徴募された力士を立てただけでなく、洗濯工場、製造部、倉庫部などから飛び入り参加もあり、所属部のプライドをかけた競技だったことも窺える。そのほか、被服材料を巧みに使用した職工たちによる巧妙なオブジェが構内各地に飾られたりもしていた。このような盛大な祭典を設けることは廠員の慰安の場となるとともに、広島被服支廠で長期にわたって勤務してもらう施策の一つであった。

適切な労働環境や福利厚生が整えられていたことで、現代にも繋がる先進的な労働環境が整備されていた他、広島市内の民間事業者の労働環境にも少なからざる影響を与えていたのである。

第二項　女性の労働環境の変容

日露戦争を契機として、女性の社会進出が進んだ。多くの兵士の動員は、地域社会の生産力を減退させるだけでなく、兵士の家庭に直接経済的打撃を与えることとなった(58)。そのため、従来家庭で台所や子供の養育が主な仕事であった都会の婦人が男子と同じく街頭に出て職業戦線に立つに至ったことは、現代社会の新現象であると言われている。[59] 表7の広島県下女性工場労働者数を見ると、年々女性の労働者は増加しているとともに明治三十九年では男性より多くなっていることが分かる。

また、明治期の繊維産業と言えば織物業であったが大正期になると縫製が産業として現れてくる。[60] 大正九年の時点での東京・大阪における縫製業従業者の集積は印象的であるが、広島も例外ではない。表8からわかるように、同地は洋服縫製事業者が全国でも有数の地となった。加えて、広島県の特徴的な点も見えてくる。表8は全国の洋服裁縫従事者から上位五件を抽出したものであるが、広島県の女性比率が一際高いことがわかる。広島被服支廠でも女工が多かったように、同地の縫製産業は女性の手によって担われていったと改めて確認できる。

表7　広島県下女性工場労働者数

年	男（人）	女（人）	計（人）
明治 29 年	2,212	3,581	5,793
明治 30 年	2,081	4,620	6,701
明治 31 年	1,868	2,754	4,622
明治 32 年	1,922	3,787	5,709
明治 33 年	2,259	3,075	5,334
明治 39 年	5,189	6,531	11,720
大正 3 年	7,077	7,795	14,872
大正 8 年	18,986	14,051	33,037
大正 9 年	17,033	14,425	31,458
大正 10 年	18,710	16,031	34,741
大正 11 年	17,956	16,098	34,054

出典：鈴木裕子『広島県女性運動史』（ドメス出版、1985 年）より作成。

一方で、女性が多く働くようになるとそれに伴う課題も浮上してきた。例えば、今まで家庭内で行われていた家事、育児の時間を取ることが難しくなることなどが挙げられる。労働と育児を両立させなければならなかった女性労働者にとって欠かせなかったのは、労働を行っている最中に子供を世話してくれる存在である。[61] 近代の職場における保育はいかなる状況におかれていたのだろうか。

日本の資本主義の原動力として挙げられる紡績業や製

表8　洋服裁縫の従事者

府県	男(人)	女(人)	計(人)	女性比率	人口(人)	人口一万人当たりの洋服裁縫従事者(人)
東京府	12,683	1,870	14,553	0.13	3,699,428	39.34
大阪府	6,432	2,369	8,801	0.27	2,587,847	34.01
神奈川県	2,463	514	2,977	0.17	1,323,390	22.50
広島県	1,298	1,499	2,797	0.54	1,541,905	18.14
兵庫県	2,185	537	2,722	0.20	2,301,799	11.83

出典：内閣統計局編刊『大正9年国勢調査』(1928年)より作成。

糸業では女性が主力であった。しかし、出産による早期退職で熟練女工が育たなかったり、子育てにより労働時間の確保ができず退職を余儀なくされたりする者も現れた。そのため、女工による要望や企業の女子労働力不足への対策として「工場附設託児所」がつくられるようになった。しかし厳しい労働環境の中にある託児所は工場同様の空気の悪さや騒音にさらされ、不衛生で母親の授乳もままならない状態であった。このことから、工場附設託児所はあくまでも効率よく働く熟練女工の離職を防ぐためという利益を求める経営者目線の考えでしか運営されておらず、決して労働者や子供たちの福利厚生を優先していたとは言えなかった。その後、機械の改良や合理化によって紡績工場などでは女性熟練労働者が不要になると、未婚女性が女性労働者の多くを占めるようになったことから職場託児所は閉鎖されていった。[62]

広島で市営の託児所が整備され始めたのは、広島被服支廠の託児所が設立された三年後の大正十三年のことである。同市における児童保護施設は同年二月に尾長町及び福島町の二カ所に隣保館を設けたことから始まった。少額所得者層の満三歳より就学までの児童を受託して、その家庭の労働能率を増進するとともに保護養育する目的を以て開始されており、表9

からは年々施設数が増えていることが分かる[63]。

昭和十八年における『本邦保育施設に関する調査』[64]によると、調査した施設総数は四、六七二であり、そのうち国内は四、二三九、国外は四三三であった。また、一府県平均施設数は約九〇であるが、四〇から七〇施設を有する府県が最も多く、最も施設数が多いのは東京の六〇一施設である。一〇〇以上の施設を有している府県を多い順にあげると大阪三九一、愛知二一七、兵庫二一五、広島一五三、岡山一五〇、京都一四三、福岡一二四であった。これを見ても、広島の保育施設数は全国で最高水準に位置していたことが分かる。

以上のことから、広島被服支廠は多くの労働者に働く場を提供したにとどまらず市民生活の向上に大きく寄与することとなった。また、関連する民間企業の設立を促したことにより市内の経済の発展にも貢献している。特に支廠内における福利厚生事業の展開は多くの女工を雇用していたからこそ積極的に推進されたものであり、現場の声を反映させながら整備されていった。こ

表９　広島市営の託児所

開設年	名称
大正 13 年 2 月	東隣保館
大正 13 年 4 月	西隣保館
大正 15 年 5 月 1 日	草津託児所
昭和 5 年 4 月 1 日	仁保託児所
昭和 5 年 5 月 28 日	広瀬託児所
昭和 5 年 6 月 28 日	江波託児所
昭和 8 年 10 月 14 日	楠那託児所
昭和 8 年 10 月 18 日	三篠託児所
昭和 10 年 6 月 20 日	荒神託児所
昭和 11 年 2 月 6 日	海上託児所
昭和 12 年 10 月	南三篠託児所
昭和 13 年 1 月	淵崎託児所
昭和 13 年 7 月	青崎託児所
昭和 13 年 7 月	舟入託児所
昭和 14 年 2 月	吉島託児所
昭和 15 年 6 月	東蟹屋町託児所
昭和 15 年 6 月	皆実託児所
昭和 15 年 6 月	己斐託児所

出典：広島市議会編刊『広島市議会史　社会資料編』(1986 年)、広島市編刊『新修　広島市史』より作成。

れにより、従業員の健康増進、帰属意識そして貢献意欲の向上に役立ったと推測できる。広島被服支廠の労働環境の整備が広島の民間企業の労働環境の向上及び改善を強く後押しすることとなったことは疑い得ない。加えて広島における女性の社会進出の原動力となったことは特筆すべき点である。

おわりに

軍都広島を象徴する施設であった広島被服支廠は、戦争下における被服の需要急増に対応しただけでなく、広島市の民間企業の振興や女性の社会進出という社会的意義を持つこととなった。

昭和期に入ると昭和十三年に「国家総動員法」が制定され、あらゆる物資が軍事目的に納入されることとなる。それを受けて六月には、「集団的勤労作業運動実施に関する件」が通牒され、広島被服支廠でも夏期休暇中などに中等学校低学年は三日、その他は五日を標準とした作業を実施することとなった。勤労を通じての精神鍛錬が目的とされていたが、実際は労働力の確保が主眼であった。

太平洋戦争で戦況が悪化していくと、本土への空襲の標的になることを恐れて、広島被服支廠もその機能の分散疎開が実施されることとなった。一方で、戦線の拡大により増産要求も激しさを増すと、生産組織の増強や補給体制の拡大も同時に図られた。縫製工場は、佐伯郡観音村の山陽高等女学校（現：山陽女子学園）、賀茂郡西条町の吉土実小学校（現：西条小学校）、双三群吉舎町の日彰館高等女学校（現：広島県立日彰館高等学校）、などの校舎を借用して縫工部の業務が行われた。また、疎開先は県外にも及び島根県簸川郡今市町の今市高等女学校（現：島根県立出雲高等学校）では、昭和十九年七月に校舎が広島被服支廠に供出され、家庭から学校にミシン二〇〇台を持ち込み、学生らも動員され軍服を製造していたといわれている。(65) 広島被服支廠内に残されたのは本部機能のみであった。

昭和二十年八月六日に原爆が投下された時は一時的に救護施設として機能した。被服倉庫の高く長く連なる煉瓦の外壁は、更地になった市内からもよく見えたため被災者の目には大きな目標となり、広島被服支廠の正門には多くの人が救護を求めて殺到した。

戦後、広島被服支廠の建物は広島県立広島第一高等学校（現：広島県立広島皆実高等学校）や広島大学の学生寮など教育の場として使用された他、日本通運の倉庫や県繊維組合など民間企業も入居しており、平成七年（一九九五）三月まで活用された。

かつての広島被服支廠は現在、敷地の一部が県立広島工業高等学校や広島県立皆実高等学校となっている。当時の建物は四棟のレンガ倉庫のみがその姿を留めているが、周辺には草が生い茂り、華々しく活躍していた面影はない。爆心地に面している窓は爆風により形が変形しており被爆当時の様子を静かに語っている。現存する倉庫四棟は令和六年（二〇二四）一月十九日に重要文化財に指定され、近年その保存や利活用の方法についての議論が始まっている。

註

（1）岩本真一『近代日本の衣服産業――姫路市藤本仕立店にみる展開――』（思文閣出版、二〇一九年）二五頁。

（2）同右。
（3）倉田梨沙、水田丞「旧広島陸軍被服支廠における施設配置の変遷に関する研究」（『日本建築学会中国支部研究報告集』45号、二〇二二年三月）八七五―八七八頁。
（4）広島県編刊『旧広島陸軍被服支廠倉庫歴史調査報告書』（二〇二三年）。
（5）サンドラ・シャール『『女工哀史』を再考する――失われた女性の声を求めて――』（京都大学学術出版会、二〇二〇年）三九頁。
（6）同右、四一頁。
（7）中島武久『日本絹産業発展の歴史――富岡製糸場がもたらした栄光の道――』（ブイツーソリューション、二〇二四年）四〇頁。
（8）今井幹夫「富岡製糸場と工女」（総合女性史学会編『女性労働の日本史――古代から現代まで――』勉誠出版、二〇一九年）三二二頁。
（9）榎一江「製糸工女と衣料生産」（総合女性史学会編『女性労働の日本史』）二九九頁。
（10）中島武久『日本絹産業発展の歴史』三四―三五頁。
（11）同右、三八頁。
（12）同右。
（13）広島県商工労働部労政課編『広島県労働運動史』（第一法規出版、一九八一年）六四頁。
（14）谷敷正光「工場法、改正工場法の制定と学齢児童労働者――綿糸紡績業を中心に――」（『駒沢大学経済学論集』第三十八巻第三号、二〇〇七年二月）三二頁。
（15）桑原敬一『日本人の労働時間』（至誠堂、一九七九年）二九―三〇頁。
（16）谷敷正光「工場法、改正工場法の制定と学齢児童労働者」（『駒沢大学経済学論集』第三十八巻第三号）三三頁。
（17）広島市議会編刊『広島市議会史　総論・明治』（一九九〇年）七八一頁。

(18) 広島市役所編刊『新修広島市史　第三巻　社会経済史編』(一九五九年)五三七頁。
(19) 広島市議会編刊『広島市議会史　総論・明治』七九八頁。
(20) 竹中恵美子『女子労働論──「機会の平等」から「結果の平等」へ──』(有斐閣、一九八三年)五四─五五頁。
(21) 丹野勲「明治・大正期の工場法制定と労務管理」(『国際経営フォーラム』二十二号、二〇一一年十月)九六頁。
(22) サンドラ・シャール『『女工哀史』を再考する』四七頁。
(23) 有元正雄「近代産業の発展」(福尾猛市郎監修『広島──歴史と文化──』講談社、一九八〇年)一四二頁。
(24) 大日本紡績聯合會「綿絲紡績職工事情調査概要書三十一年」(広島県商工労働部労政課編『広島県労働運動史』五二頁。)
(25) 広島県商工労働部労政課編『広島県労働運動史』七一頁。
(26) 同右。
(27) 「職工事情　付録1」(広島県商工労働部労政課編『広島県労働運動史』五二頁。)
(28) 広島県商工労働部労政課編『広島県労働運動史』七一頁。
(29) 同右。
(30) 阿部正武『日本綿業史』(名古屋大学出版会、二〇二二年)一一六頁。
(31) 農商務省商工局編『職工事情　第一巻』(生活社、一九四七年)一九頁。
(32) 山辺恵巳子「近代織物業における女子労働の実態──八王子を例に──」(『女性労働の日本史』)二八〇頁。
(33) 広島県編刊『旧広島陸軍被服支廠倉庫歴史調査報告書』一六頁。
(34) 陸軍省編『陸軍被服廠要覧』(一九二九年)。
(35) 大江志乃夫『日露戦争の軍事史的研究』(岩波書店、一九七九年)四六七頁。
(36) 陸軍省『日露戦争統計集　第14巻』「第15編　被服」(東洋書林、一九九五年)五頁。
(37) 広島県編刊『旧広島陸軍被服支廠倉庫歴史調査報告書』一〇頁。

(38) 陸軍省「陸軍被服廠広島派出所設置の件」(防衛省防衛研究所所蔵、一九〇五年)。
(39)『読売新聞』一九〇七年九月二十日朝刊。
(40) 内閣統計局編『日本帝国統計年鑑』第26回(内閣統計局、一九〇七年)三七四頁、同、第27回(一九〇八年)四〇八頁、同、第28回(一九〇九年)一八四頁、同、第29回(一九一〇年)一八四頁、同、第30回(一九一一年)一八八頁、同、第31回(一九一二年)一七〇頁。
(41) 広島商工会議所編刊『広島商工会議所五十年史』(一九四一年)二五三頁。
(42) 同右。
(43) 北区史を考える会北区郷土誌編集委員会編刊『北区郷土誌』(一九九八年)。
(44) 広島県編刊『旧広島陸軍被服支廠倉庫歴史調査報告書』一六頁。
(45)『中国新聞』一九二三年七月九日。
(46) 陸軍省『日露戦争統計集　第14巻』「第15編　被服」五頁。
(47) 広島県編刊『旧広島陸軍被服支廠倉庫歴史調査報告書』八頁。
(48) 同右、一八頁。
(49)「工場法施行令第27条」(一九二六年六月五日「勅令」第153号)。
(50) 陸軍省編『陸軍被服廠要覧』。
(51) 陸軍省「広島陸軍被服支廠託児所新築工事の件」(防衛省防衛研究所所蔵、一九二一年)。
(52) 陸軍省編『陸軍被服支廠要覧』。
(53) 鈴木裕子『広島県女性運動史』(ドメス出版、一九八五年)一一八頁。
(54) 広島県編刊『旧広島陸軍被服支廠倉庫歴史調査報告書』一九頁。
(55) 陸軍省編『陸軍被服支廠要覧』。
(56) 同右。
(57)『芸備日日新聞』一九一二年四月一日。

(58) 軍事史学会編『日露戦争(二)——戦いの諸相と遺産——』(錦正社、二〇〇五年)一七二頁。
(59) 広島市議会編刊『広島市議会史　社会資料編』(一九八六年)四五六頁。
(60) 谷本雅之「織物からアパレルへ——備後織物業と佐々木商店——」(『経済史研究』第18号、二〇一四年)一六七頁。
(61) 堀川祐里『戦時期日本の働く女たち——ジェンダー平等な労働環境を目指して——』(晃洋書房、二〇二二年)一〇七頁。
(62) 同右、一〇六頁。
(63) 広島市議会編刊『広島市議会史　社会資料編』六三〇頁。
(64) 中央社会事業協会社会事業研究所、愛育会愛育研究所共編『本邦保育施設に関する調査』(中央社会事業協会社会事業研究所、一九四三年)二一頁。
(65) 広島県編刊『旧広島陸軍被服支廠倉庫歴史調査報告書』二五頁。

あとがき

本書は安田女子大学に在籍している五名の大学生（令和三年四月入学）が在学中に真摯に取り組んだふるさと広島に関する研究の成果である。

編者は、同大学において日本政治史に関するゼミナールを主宰している。令和五・六年度の研究テーマは「軍都広島の形成」についてであった。ただし、もともとこれは令和五年の夏休みに日本大学国際関係学部の淺川道夫教授のゼミと京都で行った研究交流会に向けて設定したものである。淺川ゼミと合同研究発表会を行うにあたって、両ゼミとも「日清戦争」を共通テーマとすることを申し合わせていた。やるならば広島の学生ならではの発表をしようとゼミ内で話し合い、日清戦争時に大本営が置かれた広島の都市形成について研究発表を行うことが決まったのである。短い準備期間にもかかわらず、わが五名のゼミ生は論理性に加え実証性も担保した実に立派な発表を行い、編者も研究指導者として誇らしく思ったものだった。

夏休みが終わり令和五年後期のゼミが始まると、いよいよ来年度提出する卒業論文のテーマを決めることになった。当ゼミでは、三年次前期は「輪読」を行うこととしている。この年のテキストは加藤陽子『戦争の日本近現代史』(講談社現代新書、二〇〇二年)であった。日本政治史の中でも軍事史に関心が強い編者(竹本)が、学生に主として政軍関係の観点から通史としての日本近代史を理解してもらおうと考え選定したものである。ゼミ生は毎週各章を一名か二名で要約するとともに疑問点や関心を持って調べたことを発表した。ときに「やり直し」を宣告されるため、みな緊張感をもって準備してくれていたように思う。夏休みを挟んだ後期からは一次史料の読解に進んだ。この年は、国立公文書館アジア歴史資料センターが所蔵する明治期の歴代総理大臣の「辞表」を用い、毎週、墨書きの本文の翻刻と内容理解、さらに辞任に至った背景を政治史研究として発表するというものだった。ゼミ生にはそれをやりつつ各自の卒業論文のテーマについて決定することを求めた。秋の訪れを感じ始めるころ、ゼミ生から夏休みに発表した「軍都広島の形成」を各人がさらに深掘りして論文としてまとめたいとの申し出があり、期せずして共通論題による五名の卒業論文の執筆がはじまったのである。

論文指導にあたっては、まず「問い」の設定を非常に重視した。良い論文とは「創造性」・「論理性」・「実証性」を兼ね備えたものである。なかでも「創造性」は論文のオリジナリティを保証するものであり、「問い」はそれに対応する「答え」とともに執筆の動機に関わる最も重要な要素である。各人はそれを踏まえた章立てを通じて「論理性」と「実証性」が担保できるよう、構成について工夫を凝らした。

令和六年度は、四年生となった各人の論文の進捗状況に合わせて全員による合評会を重ねた。合評会は、ゼミ生の就職活動との兼ね合いから、ときに曜日をずらしつつも必ず毎週行い、ゼミ生の旺盛な知的好奇心や論文完成に向けたたゆまない努力にも支えられ、記録的猛暑だった令和六年の夏休み中もそのままゼミを続行したことは印象深い思い出である。

論文が次第に形を見せ始めた夏休みの終わり頃、その水準の高さに編者はこれらを論集の形で世に出して多くの人に手に取って読んでもらいたいと考えるようになった。しかし、学生論集の「商業出版」などはあまり聞いたこともなく、雲をつかむような状態であった。こうした中、十月五・六日、新潟県長岡市で軍事史学会の年次大会が開催され、編者も研究発表の機会を得た。このとき、同学会の事務局を担っていただいている株式会社錦正社の中藤正道氏に「ダメ元」で出版についてご相談したところ、思いがけず前向きな反応をいただいた。それで、広島に戻ると「企画書」を書き上げるとともに、一本目の論文の脱稿を待ってそれを内容見本として添えて改めて正式に打診したのである。中藤氏は急ぎ社内で検討くださり、十一月七日ついに出版計画が始動することとなった。本書にまとめられた優秀な若者の研究の精華が、一般書店に並び、多くの読者を得ることを願ってやまない。

なお、本書の校正作業では、安田女子大学非常勤講師の江濱陽介氏にお手伝いいただいた。記して謝意を表したい。

最後に、このような挑戦的ともいうべき書籍の出版をお引き受け下さった錦正社の中藤氏には心より御礼申し上げたい。

令和六年十二月十四日

東京の旅宿にて記す

竹本知行

執筆者一覧

竹本　知行　（たけもと　ともゆき）安田女子大学現代ビジネス学部教授
「はしがき」「あとがき」担当

下道　真結　（しもみち　まゆ）
「第二章」担当

隅原　千尋　（すみはら　ちひろ）
「第五章」担当

田邉　響　（たなべ　ひびき）
「第一章」担当

田村　愛美　（たむら　まなみ）
「第四章」担当

長安　菜摘実（ながやす　なつみ）
「第三章」担当

軍都広島の形成
——遠くて近い原爆以前の広島——

令和七年二月　一日　印刷
令和七年二月十一日　発行

※定価はカバーなどに表示してあります。

編　者　竹本知行
発行者　中藤正道
発行所　株式会社　錦正社
〒一六二−〇〇四一
東京都新宿区早稲田鶴巻町五四四−六
電　話　〇三（五二六一）二八九一
ＦＡＸ　〇三（五二六一）二八九二
ＵＲＬ　https://kinseisha.jp/

印刷　㈱平河工業社
製本　㈱ブロケード

ISBN978-4-7646-0356-1